ANFÄNGE

**Neue
österreichische
Literatur**

Herausgegeben von
Heinz Sichrovsky

Über den Welttag des Buches

Die UNESCO erklärte 1995 den 23. April zum „Internationalen Welttag des Buches und des Urheberrechts". Das Datum geht zurück auf die Tradition, nach der man sich in Katalonien am Sankt Jordi-Tag Rosen und Bücher schenkt.

Für den Hauptverband des Österreichischen Buchhandels ist der Welttag des Buches der zentrale Feiertag des Jahres. Seit vielen Jahren wird am 23. April ein Buch veröffentlicht, das der Buchhandel an seine KundInnen verteilt.

Sie halten die Ausgabe 2018 in Ihren Händen, und damit 13 Mal erste Seiten herausragender, neuer Texte aus Österreich. Manche Texte stammen aus Debütwerken, andere AutorInnen haben bereits einige Bücher publiziert – entdeckenswert sind sie alle. Eröffnet wird die Anthologie von Nava Ebrahimi, die für ihren Roman 2017 mit dem Österreichischen Buchpreis Debüt ausgezeichnet wurde.

Diese Anthologie umfasst jeweils die ersten zehn Seiten der Bücher. Wir laden Sie ein, weiterzulesen: Alle Informationen zu den vorgestellten Werken und Ihren VerfasserInnen finden Sie am Ende des Buches.

Eine Publikation zum Welttag des Buches – gewidmet von Ihrer Buchhandlung!

Hauptverband des
Österreichischen Buchhandels

Vorwort

Das „österreichische Literaturwunder" wurde erstmals in den frühen Neunzigerjahren des 20. Jahrhunderts zum Thema und zum Begriff. Wie, so fragte sich das damals noch in flächendeckender Blüte befindliche Feuilleton, konnte das sein: dass im zehnfach einwohnerärmeren Österreich die literarischen Begabungen weit üppiger gediehen als beim deutschen Nachbarn? Noch wundersamer gestalteten sich die Ereignisse seither: Fast im Jahresrhythmus melden sich hierzulande literarische Stimmen von unverwechselbarer Eigenart und überregionaler Attraktivität. So beschreibt die vorliegende Anthologie einen ganzen Kosmos, ist aber gleichzeitig eine Momentaufnahme in einem ständigen Prozess der Erneuerung: dreizehn österreichische Autorenpersönlichkeiten unter 40 Jahren, unter ihnen einige, die sich ihre Namen kürzlich geschaffen haben, und andere auf sicherem Weg dorthin.

Sie sind Teil einer Entwicklung, die ihrerseits ans Wunderbare reicht: Das Aufkommen an österreichischer Literatur in den sieben Jahrhunderten zwischen Frau Ava (um 1100 n. Chr.) und Arthur Schnitzler ist ja überschaubar. Lessing, Wieland und Herder gegen Alxinger und Blumauer; Goethe, Kleist und Schiller gegen Grillparzer; Heine, E. T. A. Hoffmann und Eichendorff gegen Lenau; Fontane gegen Ebner-Eschenbach und Saar – und Stifter als monolithischer Einzelfall: Die frühe Emanzipation der deutschen

Sprache durch Luther hat sich offenbar gerechnet, während sich hierzulande Raimund und Nestroy über die Vorstädte in die Weltliteratur manövrieren mussten, da die lang obligate lateinische Amtssprache eine kontinuierliche Entwicklung verhindert hatte.

Dann aber der plötzliche und beispiellose Aufbruch im Fin de Siècle, dem alsbald die Auslöschung durch den Nationalsozialismus folgte. Und doch versank die österreichische Literatur nach 1945 nicht im Waggerl-Miasma: Eine neue Avantgarde – Jandl, Mayröcker, Artmann, Rühm – entledigte sich der Altlasten, indem sie die Sprache zertrümmerte. Dann die Gigantengeneration der heute Siebzig- bis Achtzigjährigen – Handke, Jelinek, Turrini, Bauer, Roth, Mitterer, Christine Nöstlinger. Seither war kein Innehalten mehr; Christoph Ransmayr, Robert Menasse, Daniel Kehlmann, Josef Winkler, Josef Haslinger, Thomas Glavinic, Anna Baar, Vea Kaiser oder Ferdinand Schmalz bedürfen keiner detaillierten Würdigung.

News begleitet und unterstützt diese Entwicklungen seit seiner Gründung im Jahr 1992 mit hoher Zuwendung, mit Sonderbeilagen und Literaturschwerpunkten. Hier fanden nicht nur Peter Handke oder Elfriede Jelinek einen zuverlässigen Partner: Die Berichterstattung beschränkte sich nie auf das Etablierte, und wo sich literarische Begabung zeigt, wird ihr möglichste Aufmerksamkeit zuteil. Diese Anthologie zu unterstützen, ist somit Teil und Konsequenz einer seit der Gründung unveränderten Blattlinie.

Heinz Sichrovsky
(Kulturchef News)

Inhalt

Entdecken Sie die Anfänge – die ersten zehn Seiten – der folgenden Werke:

NAVA EBRAHIMI

Sechzehn Wörter

Prolog

Erst war es nur ein Wort. Das Wort, flink und wendig, überfiel mich, wie alle diese sechzehn Wörter, aus dem Hinterhalt. Nie hatte ich es bisher geschafft, mich zu wehren, stets zwangen sie mir aufs Neue ihre Botschaft auf; da ist noch eine andere Sprache, deine Muttersprache, glaube ja nicht, die Sprache, die du sprichst, wäre deine Sprache. Regelmäßig war ich ihnen ausgeliefert, diesen Wörtern, die nichts mit meinem Leben zu tun hatten, nichts mit der Art, mit der ich täglich das Fahrradschloss öffne, nichts damit, wie ich im Restaurant Essen bestelle oder im Frühling Winterkleidung verstaue. Nichts hatten sie mit meinem Leben zu tun, trotzdem, oder gerade deshalb brachten sie mich immer wieder in ihre Gewalt.

Doch dann, einer Eingebung folgend, übersetzte ich ein Wort, und es war, als hätte ich es entwaffnet. Weshalb erst jetzt, weshalb ich vorher nie auf die Idee gekommen bin, kann ich nicht sagen. Vielleicht hatte ich Angst davor, dem übersetzten Wort, dem entblößten Wort gegenüber zu stehen. Mit einem Schlag verlor es die Macht über mich. Wie in einem Märchen, durch die Übersetzung hob ich den Bann auf, der auf dem Wort lag, und befreite mich aus der Geiselhaft. Wir waren nun beide frei, das Wort und ich. Die anderen Wörter kamen hinzu, auch sie wollten erlöst werden, von ihrem Bann und der Einsamkeit, in der sie ihr Dasein fristeten. Und als sie ihre Isolation überwanden, sich verbanden, da erkannten sie erst, welchen Schwindel sie all die Jahre befördert hatten. Nicht allein, aber alle gemeinsam. Im Unübersetzten hatte der Schwindel es sich herrlich einrichten können.

Maman-Bozorg

Applaus und Gejohle drangen an mein Ohr, gedämpft und von weit her. Ich öffnete die Augen. Es dämmerte. An der Decke zeichnete sich der Kronleuchter aus Messing ab, der hier in jedem Zimmer hing. Ruckartig, als hätte ich einen wichtigen Termin verschlafen, stand ich auf und tastete mich durch den Flur ins Wohnzimmer. Meine Großmutter saß im Halbdunkeln auf der Couch, von den Bildern aus dem Fernseher in bläulichen Farben angestrahlt. Den Ton hatte sie so aufgedreht, dass das Gehäuse im Takt der Musik schepperte. Sie schnippte mit den Fingern und bewegte die Schultern rhythmisch vor und zurück. Auf dem weit ausgeschnittenen Dekolleté ihrer schwarzen Bluse glitzerte ein Schmetterling. Dazu trug sie die Jogginghose aus rosa Frottee, mit der sie zu Bett gegangen war.

»Komm, setz dich zu mir!«, rief sie, ohne ihre Bewegungen zu unterbrechen.

»Maman-Bozorg, ist es nicht noch ein wenig zu früh für …« Anstatt den Satz zu beenden, rieb ich mir mit beiden Händen die Augen.

»In Los Angeles ist es Abend, und die Gala hat gerade begonnen. Wie früh es hier in Maschhad ist, interessiert niemanden.« Sie schnippte weiter im Takt.

Ich setzte mich neben sie und betrachtete sie von der Seite. Ihre Wimpern waren vor lauter Wimperntusche verklebt. Der Lippenstift verlief in den Fältchen oberhalb ihres Mundes und bildete ein kleines rotes Flussdelta. Den Puder hatte sie so großzügig aufgetragen, dass er sich in den Runzeln auf ihrer Stirn sammelte. Sie hatte immer schon viel Zeit darauf verwendet, sich zurechtzumachen, aber je älter sie wurde, desto mehr uferte es aus.

Im Fernsehen lief ein iranischer Sender aus Los Angeles namens Tapesh, »Herzschlag«. Drei Mädchen in kurzen Paillettenkleidern tanzten zu persischem Pop um einen alten Mann im Smoking herum. Ich kannte ihn, er hieß Aref. Die Mädchen hüpften umher, als spielten sie in einem Weizenfeld Verstecken. Aref tat, als beachtete er sie nicht. Er besang eine Frau, die Herrscherin über sein Herz, die ihn allmählich umbringe mit ihrer Koketterie. Meine Mutter liebte dieses Lied. Eine Zeit lang hatte sie mehrmals am Tag die Kassette eingelegt, es gehört, zurückgespult, es noch einmal gehört, wieder zurückgespult. Während das Lied die Sehnsüchte meiner Mutter nährte, von denen ich bis heute nichts weiß, hatte ich vor dem Spiegel versucht, dazu zu tanzen und unbeholfen mit meinen Kinderhüften gewackelt. Ich imitierte Maman; wenn wir in Köln Konzerte iranischer Bands besuchten, stand ich am Rand der Tanzfläche und schaute ihr stundenlang dabei zu, wie sie tanzte. Wie sie mit den Händen geschmeidig Figuren in die Luft zeichnete, wie sie mit dem Becken kreiste, die Schultern vibrieren ließ. Ich prägte mir alles ganz genau ein.

Aref machte einen Gesichtsausdruck, als litte sein Herz unter der Fremdherrschaft. Oder vielleicht auch darunter, dass er dieses Lied seit Jahrzehnten singen musste, früher in Teheraner Varietés, nun auf amerikanischen Showbühnen, als hätte sich nichts geändert, als sei die Zeit stehengeblieben.

Kaum hatte Aref die letzte Silbe gesungen, unterbrach ein Werbespot für ein Trainingsgerät das Programm. Amerikanische Bauchmuskeln mit persischer Tonspur. Meine Großmutter wirkte zufrieden und fächerte sich Luft zu.

»Aref fliegen die Herzen zu, aber er liebt nur mich. Nach seiner großen Neujahrsshow vor ein paar Wochen hat er mir von der Bühne aus einen Heiratsantrag gemacht. Ich sei eine einzigartige Frau und eine großartige Künstlerin, hat er gesagt!«

Sie schaute mich erwartungsvoll an. Ihre Augen glänzten. Ich wich ihrem Blick aus und starrte auf den Bildschirm, wo die Bestellnummer für den Bauchmuskeltrainer rot aufleuchtete, 676881. Die Telefonnummer meiner Grundschulfreundin Clara war 767881 gewesen. Die erste Nummer, die ich auswendig lernte. Und die mich, anders als Clara, bis an mein Lebensende begleiten wird.

Ich spürte, dass meine Großmutter mich musterte.

»Kämm dir mal die Haare. Du siehst aus wie eine verprügelte Nutte.«

»Maman-Bozorg!«

»Und setz bitte Tee auf. Ich muss gleich auf die Bühne und habe einen ganz trockenen Mund.« Sie schmatzte mehrmals, etwas knackte. Vermutlich saß das Gebiss nicht richtig. »Trocken wie die Kos einer alten Jungfer.«

Auf dem Herd stapelten sich die Plastikteller vom Kabab-Lieferdienst. Früher hatten hier um diese Uhrzeit schon Lammhaxen im Schnellkochtopf geköchelt. Ich füllte schwarzen Tee in eine Kanne und setzte Wasser auf. Während ich wartete, stützte ich mich an der Arbeitsplatte ab und schloss die Augen. Ich war müde. Statt, wie geplant, um zweiundzwanzig Uhr war das Flugzeug, das ich in Istanbul bestiegen hatte, erst um zwei Uhr nachts in Maschhad gelandet. Die Maschine hatte mehrere Schleifen über der Stadt gedreht, das Mausoleum des Imam Reza, das in der Dunkelheit in allen Farben funkelte, schien wie eine offene Schatzkiste jedes Mal zum Greifen nah. Doch dann erklärte der Pilot, dass er nicht in Maschhad landen dürfe und nun nach Teheran fliegen müsse. Gestöhne, Geseufze, Gemurmel, schließlich Rufe aus allen Richtungen.

»Vielleicht ist das Wetter schlecht.«

»Hat es für Sie eben nach Unwetter ausgesehen?«

»Ich habe vorhin noch mit meiner Mutter telefoniert. Die sagte, der Himmel sei klar.«

»Es ist mitten in der Nacht. Der Himmel unter der Bettdecke Ihrer Mutter ist vielleicht klar.«

»Wir sollten in Teheran nicht aussteigen. Sonst können wir selbst schauen, wie wir nach Maschhad kommen.«

»Wenn Sie nicht aussteigen, wird man Sie bezichtigen, Gegner der Revolution zu sein.«

»Was ist denn mit den Leichen an Bord?«

»Welchen Leichen?«

»Mit diesem Flug werden zwei Leichen transportiert.«

»Das meint man wohl mit ›jemandem die letzte Ruhestätte verwehren‹.«

»Dieser Zwischenstopp ist die Strafe dafür, dass wir uns in Istanbul amüsiert haben.«

Einige lachten.

Wir landeten in Teheran. Das Flugzeug stand eine Weile herum, ohne dass sich etwas tat, dann startete die Maschine wieder, ohne weitere Ansage.

Der Kessel pfiff. Ich füllte das kochende Wasser in die Kanne und wartete, bis es die Farbe von Bernstein angenommen hatte. Ich brachte meiner Großmutter ein Glas voll, dazu zwei Zuckerstückchen. Sie hielt das Glas gegen das Licht der aufgehenden Sonne.

»Genau richtig, jetzt ist es Zeit zu heiraten. Oder wann gedenkst du zu heiraten? Mit dreißig?«

»Maman-Bozorg, ich bin doch längst über dreißig.«

»Alle Frauen machen sich jünger, nur du machst dich älter.«

»Erinnerst du dich nicht? Ich bin doch vor der Revolution geboren worden.«

»Vor welcher?«

Sie nahm ein Zuckerstück in den Mund und nippte am Tee, den Blick auf den Fernseher geheftet. Ein Moderator mit gelglattem Haar erzählte Witze über Ahmadinedschad.

»Komm – du hast doch einen Khastegar! Oder zumindest einen Freund? Das kannst du mir nicht weismachen. Was ist denn mit den deutschen Männern los? Du bist jung, lebst in Azadi und hast keinen Mann?«

Sie sagte das oft, »Du lebst in Azadi«, aber es lag dabei nichts Pathetisches in ihrer Stimme. Sie sagte es mit einer Mischung aus Neugier und Neid, und ich spürte schon früh, dass sie es sich aufregender vorstellte, als es tatsächlich war, das Leben in Freiheit.

»Ich hatte mal einen Khastegar. Er wollte mich, aber ich wollte ihn nicht heiraten.«

Ich sagte das, um sie zu beruhigen. Wie sollte ich ihr einen Eindruck davon vermitteln, wie es lief als Single mit Mitte dreißig in einer Großstadt der westlichen Hemisphäre? Wie sollte ich ihr so etwas wie Bindungsängste erklären? Auf Deutsch klang es schon lächerlich. Angst vor zu viel emotionaler Nähe. Dass jemand die Flucht ergreift, sobald eine Beziehung verbindlicher wird. Auf Persisch ging es überhaupt nicht. Für derartige Nuancierungen war die Sprache nicht vorgesehen.

Die Wahrheit über mein deutsches Liebesleben hätte meine Großmutter nicht verstanden, die verstand ich ja selbst kaum, und die bloße Zahl an Männern, mit denen ich geschlafen hatte, hätte auf der Stelle ihr Herz stillstehen lassen. Dachte ich zumindest.

»Nur einen Khastegar? Tststsss. Hier stünden sie Schlange für dich. Du hättest schon längst einen Mann. Was rede ich – mehrere! Meine Nichte lässt sich von Männern nach Dubai einladen, in die teuersten Hotels.«

»Von mehreren?«

»Ja klar! Der Iran ist ein einziges Freudenhaus geworden! Selbst Neunzigjährige, bei denen du blättern musst, um die Kos zu finden, amüsieren sich ungeniert.«

»Maman-Bozorg!«

»Ich habe auch einige Verehrer. Zum Beispiel den Konditor am Ende der Straße. Nicht einmal fünfzig Jahre alt. Jedes Mal, wenn er mir eine Schachtel mit Gebäck übergibt, berührt er meine Hände.«

Sie legte ihre Hand kurz auf meine. Dann hob sie sie vor die Augen und sah sie sich sehr genau an.

»Dein Großvater hat sich zuerst in meine Hände verliebt, als ich ihm im Krankenhaus Tee brachte. Meine Hände waren weiß und schön rundlich. In die kleinen Kuhlen auf meinen Fingergelenken hätte man Erbsen legen können.«

Vor meinem geistigen Auge erschien ein Handrücken mit Erbsen darauf. Meine Großmutter ließ ihre Hand fallen wie einen nassen Sack. Auch ihre Gesichtszüge wirkten plötzlich schlaff.

»Aber Schönheit führt einen nur ins Verderben. Schau dir mich, schau dir deine Mutter an. Das Schicksal meint es nur mit hässlichen Frauen gut.«

Maman-Bozorg nahm wieder Haltung an und blickte auf den Fernseher.

Eine Frau in einer weißen Robe mit weißem Pelzkragen hatte die Bildfläche betreten. Sie sang von der Sehnsucht nach dem Iran, die Augen hielt sie geschlossen. Maman-Bozorg übergab mir die Fernbedienung und sang mit. Krächzte mit. Sie ahmte die Frau nach, breitete die Arme aus, kreuzte sie vor der Brust, ballte die Fäuste, verzog schmerzerfüllt das Gesicht. Das Lied endete mit einem Tusch. Die Sängerin öffnete die Augen. Close-Up. Tränen brachen sich Bahn, rollten die aufgespritzten Wangen hinab. Der Keyboarder im weißen Smoking reichte ihr ein Taschentuch, sie tupfte sich das Gesicht ab und verbeugte sich so zaghaft, als fürchtete sie, der Haarturm könne ihr nach vorne wegrutschen.

Jetzt stand auch meine Großmutter auf und verbeugte sich mit wackligen Knien, ihre dürren Beine waren in der ausgebeulten Frotteehose nur zu erahnen.

Sie setzte sich wieder und zog am Ausschnitt ihrer Bluse.

»Hast du schon einmal solche Brüste gesehen? So rund und fest? Sag!«

Ich sah kurz hin. »Nein Maman-Bozorg. Du hast tolle Brüste.«

»Im Schwesternwohnheim haben sie zu mir gesagt: ›Komm, Maryam, zeig uns deine schönen Brüste!‹«

Noch immer hielt sie den Ausschnitt ihrer schwarzen Bluse umklammert, blickte an sich hinab.

»Solche Brüste in meinem Alter! Nach zwei gestillten Kindern!«

»Zwei? Wen außer Maman hast du denn noch gestillt?«

Sie ließ den Ausschnitt los, zupfte die Bluse zurecht, schob das Kinn nach vorne, nahm mir die Fernbedienung ab und wechselte den Kanal.

»Du hättest auch schönere Brüste, wenn du auf mich gehört und mehr Zwiebeln gegessen hättest.«

Sie zappte weiter.

»Hast du eine deiner Nichten gestillt?«

»Deine Mutter hat immer auf mich gehört. Keine ihrer Cousinen hatte so schöne Brüste wie sie. Mit dreizehn trug sie sie schon vor sich her wie zwei reife Orangen. Und dann habe ich sie deinem Vater gegeben. Gott vergib mir.«

Meine Großmutter hatte jetzt einmal durchgezappt. Sie stoppte wieder bei Tapesh, seufzte laut, sackte in sich zusammen wie ein Akkordeon und schloss die Augen.

»Maman-Bozorg?«

Sie reagierte nicht.

Ich sprang auf und hielt meine Wange vor ihren leicht geöffneten Mund. Atemhauch, glaubte ich. Vorsichtshalber tastete ich nach dem Puls ihrer Halsschlagader. Dann zog ich langsam die Fernbedienung aus ihrem Handgriff und schaltete den Fernseher aus.

Morde-Schu

Ein Schritt noch und die elektrische Schiebetür würde sich öffnen. Ich weiß, was mich erwartet, und doch fühlt es sich jedes Mal an, als ließe ich mich in ein schwarzes Loch fallen. Ich werde nicht aufschlagen, das weiß ich, viele Hände werden mich auffangen, vielleicht noch einmal ein paar Meter in die Luft werfen, bis ich schließlich auf dem Rücken liegen bleibe und den Punkt, an dem ich mich habe fallen lassen, sehr weit oben nur noch als ein winziges weißes Loch erkennen kann.

Meine Mutter hält ebenfalls inne. Als hätten wir die Wahl. Als könnten wir es uns doch noch einmal anders überlegen, gleich wieder in das Flugzeug steigen und zurückfliegen. Wir holen beide tief Luft, bevor wir den Schritt setzen. Die Scheibe aus Milchglas schiebt sich zur Seite, Mamans Cousinen ziehen heran, eine Gewitterwolke, die uns einhüllt und sich entlädt. Fremde Tränen benetzen mein Gesicht, Klagen überziehen mich, Parfüm und Schweiß nehmen mir kurzzeitig die Luft zum Atmen. Ich lasse mich an unterschiedliche Brüste drücken, sage »Danke, danke«, versuche gar nicht erst, irgendetwas Sinnvolles zu entgegnen. Irgendwann ruft eine Cousine, wir müssten jetzt aufhören, in Maman-Bozorgs Wohnung warteten noch einige Verwandte, ihnen gegenüber sei es unfair, am Flughafen schon alle Tränen zu vergießen.

Fariba, Mamans Cousine, die meine Großmutter tot aufgefunden hat, sitzt vorne neben dem Taxifahrer, unangeschnallt, den Oberkörper uns auf der Rückbank zugewandt. Sie habe mit Medikamenten und einer Tüte Anar vor der Wohnungstür gestanden und mehrmals geklingelt, eine Ohrmuschel an die Tür gelegt und den Fernseher gehört, geklopft, mit den Fäusten gegen die Tür getrommelt, den Schlüsseldienst gerufen, gewartet, gebetet, dass die Tante im Bad steht und sich schminkt oder gerade auf einer Gala auftritt und ihre Show nicht unterbrechen will.

Meine Mutter wimmert, das Gesicht in beide Hände vergraben.

Fariba spricht gedankenverloren weiter.

»Tante bewegte sich nicht mehr vom Fernseher weg. Das war ihr Leben.«

»Am Telefon klang sie immer so normal ...« Maman wischt sich mit einem Taschentuch Tränen aus dem Gesicht.

»Sie hat den Fernseher ausgemacht, wenn du anriefst. Oder du, Mona. Ansonsten lief er Tag und Nacht. Und wenn der Fernseher an war, dann tauchte sie ab.« In Faribas Stimme schwingt ein Unterton mit, nur hörbar für die, die für schlechtes Gewissen empfänglich sind.

Ich hatte Maman-Bozorg seit meinem letzten Besuch im Iran noch drei, höchstens vier Mal angerufen. Jedes Mal wiederholte sie immerzu dieselben Sätze.

»Wann heiratest du denn endlich? Mit dreißig oder was? Ich hätte deine Mutter nicht mit dreizehn deinem Vater geben dürfen. Woher hätte ich denn wissen sollen, dass ...?«

Dann ging ihr die Luft aus, und sie legte auf.

CHRISTOPH LINHER

Ungemach

Der erste Brief erreichte mich an jenem Freitag Ende September, an dem meine Zulassung als Rechtsanwalt widerrufen worden war. Ein Zufall? Wer weiß ... Ich nenne diesen Tag den geschwärzten Freitag: Ausdauernd zeigten sich dunkle Gewitterwolken, wie ein kolossaler Schwarzfilter hingen sie in großer Höhe, ohne dass es zu regnen begann. Ich musste Licht machen, um den Brief lesen zu können. Der Ton entsprach eher einer Aufforderung, von einer Bitte konnte kaum die Rede sein: Eine Großtante väterlicherseits, von deren Existenz ich bis zu diesem Zeitpunkt nicht gewusst hatte, erwartete mich in ihrem Haus in dem Dorf Fernach, wo sie gemeinsam mit ihrer Pflegehelferin lebte, welche, so ihre Worte, nicht dafür sorgte, sie gesundzupflegen, sondern eine Verschleppungstaktik verfolgte, wie ich mir denken könnte. Was sie von mir wollte: Das Einzige, das sie verlangte, war meine Anwesenheit. Keine weiteren Verpflichtungen. In Erwartung ihres baldigen Ablebens wollte sie jemanden in ihrer Nähe wissen, mit dem sie nicht eine zweckmäßige Beziehung verband, sondern der Umstand, dass man »vom selben Geblüt« sei, wie sie sich ausdrückte. Im Gegenzug würde sie mir Zimmer und Verpflegung bieten und, nach ihrem vermutlich baldigen Tod, wie sie nicht vergaß, noch einmal zu betonen, das Haus vermachen – kein herrschaftlicher Landsitz, aber immerhin ein Haus. Sie erwarte in den nächsten Tagen Antwort, wann sie mit meiner Ankunft rechnen könnte. Je eher, desto besser.

Nachdem ich den nicht leicht zu entziffernden Worten, mit dem Finger von Silbe zu Silbe gleitend, gefolgt war, sah ich, dass auf ihn das Schwarz der Tinte abgefärbt hatte, als sei sie noch

nicht zur Gänze getrocknet und der Brief erst vor Kurzem geschrieben worden. Der Poststempel wies ein drei Tage zurück-
liegendes Datum auf. Ich schüttelte den Kopf und fragte mich,
was außer einer zweckmäßigen Beziehung das sonst wäre?

Man braucht einen Standpunkt, einen Entschluss, denn in der
Entscheidungsunfähigkeit gerät einem die Wirklichkeit zum Kosmos der Eventualitäten, in dem alles und zugleich nichts möglich
ist. Nach ein paar Wochen, in denen ich nicht so recht wusste,
wie es mit mir weitergehen sollte, und sich in mir im Übrigen ein
wachsender Widerwille breitmachte, gegen meinen Lizenzentzug
Rechtsmittel einzulegen, erhielt ich einen zweiten Brief. Diesmal
von einer gewissen Frau Althaus, die, wie sich herausstellte, die
Pflegerin der Großtante war. Wann ich gedächte zu kommen,
das Zimmer sei gerichtet. Am Bahnhof der Bezirkshauptstadt
müsste ich mir ein Taxi nehmen, der Bus nach Fernach, einer
über dem Tal gelegenen Streusiedlung einige Kilometer von der
Stadt entfernt, verkehre nur ein Mal täglich. Ich erinnere mich,
wie sehr es mich befremdete, dass sie nicht einfach mit ihrem
Namen, sondern mit »Frau Althaus« unterschrieb, gerade so, als
führte sie diese Anrede, wie andere einen Titel führen. – Dann
also eine Entscheidung: In der Annahme, dass mir ein Ortswech-
sel – eine Spätherbstfrische, wenn man so will – nicht schaden
könnte, beschloss ich nun doch, die Großtante zu besuchen. Ein
Besuch, wohlgemerkt, ganz unverbindlich, was ich auch nicht
versäumte, in meinem Antwortschreiben zu betonen. Ich kün-
digte mein Kommen für den Allerseelentag an.

Ich schaue aus dem Fenster wie in ein vom Rest der Welt gelös-
tes Binnenland. Immer dichter wird der Nebel. Ich mache Licht.
Das Zimmer ist zweckmäßig eingerichtet, man sieht, dass hier
schon lange niemand mehr gewohnt hat. Den Koffer mit Kleidung für zehn Tage habe ich ausgepackt und alles im Schrank

verstaut. Das Bett ist schmal, auf dem Nachttisch steht eine Vase mit Schnittblumen, deren Namen ich nicht kenne, dahinter hängt ein gewirkter Wandteppich mit einem ländlichen Motiv – beides Versuche, ein wenig Häuslichkeit vorzutäuschen. An eine der Längsseiten des Zimmers ist ein Waschbecken montiert, darüber ein Spiegel. An der anderen Seite befinden sich ein Sekretär mit Messingbeschlägen und ein emaillierter Beistellofen. Ich werde den Rest des Tages wohl hier verbringen müssen, zumal das Wetter nicht einlädt, die Gegend zu erkunden, und die Großtante mich erst morgen empfangen will. Empfangen: Das war das Wort, das Frau Althaus gebrauchte.

Die Fahrt vom Bahnhof der Bezirkshauptstadt nach Fernach dauerte länger als erwartet. Nachdem wir die letzten Wohnhäuser hinter uns gelassen hatten, führte die Straße entlang abgeernteter Felder mit scheinbar wahllos hineingesetzten Tennen, von denen ich nicht glaube, dass noch jemand eine Verwendung für sie hat. Es herrschte Allerseelenwetter: Die Wolken hingen wie geschichteter Schiefer, ein beständiger, gelegentlich auffrischender Wind ging und langsam setzte auch Regen ein, später dann Nebel. Nach einer Weile erreichten wir ein Industriegebiet, wie man es überall in der Nähe von Ausfallstraßen findet. Auch wenn es nicht allzu ausgedehnt war, so hatte ich dennoch den Eindruck, dass es über seine tatsächlichen Grenzen hinaus noch viel weiter zur wirken schien; mochte also auch die Waldwiesenundufergegend, die im Anschluss folgte, im Großen und Ganzen unverbaut sein, so schien sie doch wie im Bannkreis der Fabrikshallen und Schornsteine verloren, sie war wie befangen, kam es mir vor. Als ob es die Landidylle wäre, die nicht hierher gehörte. In Kurven und Kehren noch und noch ging es dann auf einer einspurigen Fahrbahn mit vereinzelten Ausweichstellen den Berg hinauf, immer tiefer hinein auch in eine Waldverschattung. Ein Fluss oder Wildbach drängte sich ins Blickfeld, verschwand, kam wieder zum Vorschein. Irgendwo kreischte eine Säge wie ein großer wütender Vogel. Schließlich erreichten wir das Dorf: eine auf der Talschulter gelegene, überschaubare Anzahl an Häusern am Ostabhang eines breiten bewaldeten Bergrückens, in dem ein Murbruch glänzte wie eine offene Fraktur. Viel mehr war im sich verdichtenden Nebel nicht zu erkennen. Weil sein Navigationsgerät die Straßen nicht erkannte, hielt der Fahrer im Dorfzentrum – wenn von einem solchen überhaupt die Rede sein kann. Ich zahlte und stieg aus. Als ich mich noch einmal nach dem Taxi umdrehte, war es bereits im Nebel verschwunden.

Ich war gerade dabei, mich notdürftig am Waschbecken zu waschen, da stand plötzlich die Althaus im Zimmer. Zwar hatte sie angeklopft, meine Aufforderung hereinzukommen allerdings nicht abgewartet. Sie brachte mir Bettwäsche zum Wechseln und eine Zeitung von vorgestern. Frau Althaus hat eine unnatürlich glänzende Haut, wächsern bis fettig, ein Gesicht, das selbst beim Reden so gut wie keine Bewegung verrät. Ihr Blick dagegen ist haltlos: Ständig gleitet er an mir vorbei, sucht nach einem Fluchtpunkt und jenem sich darum formierenden Raum, in dem ich nicht existiere. Seit jeher machen mich Menschen nervös, die mir nicht in die Augen sehen können. Frau Althaus' Haare sind dünn und werden von einem Reif zusammengehalten – wahrscheinlich trägt sie seit ihrer Kindheit dieselbe Frisur. Früher ist das einmal das Zimmer vom Paul gewesen, sagte sie, lange sei es her. Auf die Frage, wer das sei, bekam ich keine Antwort. Stattdessen setzte sie mich über die Essenszeiten ins Bild: Mittagessen um elf, Abendbrot um fünf. Auf das Frühstück verzichte die Großtante. Ihnen steht es natürlich frei, sich in der Küche zu bedienen, sagte die Pflegerin, legte Bettwäsche und Zeitung auf den Sekretär und ging. Wer auch immer besagter Paul war, nichts mehr in diesem Raum erinnert an ihn. Ich schaue auf die Uhr: Sie sagt mir, dass es in einer Stunde Abendessen gibt.

Ich bin aufgewacht und hatte für eine Sekunde nicht die geringste Ahnung, wo ich mich befand, ein Gefühl von einer Vehemenz, als sei für die Dauer dieser langen Sekunde meine Existenz anzuzweifeln. Wie schon so oft habe ich in meiner ersten Nacht in der Fremde nicht einschlafen können. Lange habe ich an die Decke gestarrt und auf den Schlaf gewartet, der sich wie je nicht einstellte, sobald man ihn herbeiwünscht. Das anfangs sonore Rauschen des Wildbachs wurde zu einer permanenten Störfrequenz. Eigentlich sollte man meinen, in der Dunkelheit ist ein Zimmer wie das andere, aber das Gegenteil ist der Fall, in einer unvertrauten Umgebung kann sich gerade im Dunkeln die Befremdung zu einer Bedrohung auswachsen, ist man doch gezwungen, den Blick nach innen zu richten. Und da tun sich unbekannte Brüche auf, Abgründe, in die man hinunterstürzt, wenn man nicht ganz schwindelfrei ist. Irgendwann bin ich dann doch in einen unruhigen Schlaf gefallen, aus dem mich allerdings noch vor der Dämmerung ein Geräusch weckte, das ich in eben dieser Sekundenverlorenheit zuerst nicht einordnen konnte. Es war ein in der Fensterscheibe gelb leuchtendes Augenpaar, das mich plötzlich aufschrecken ließ – zwei geweitete Augen wie die schreckstarre Spiegelung meiner eigenen. Konturlos saß die Katze auf dem Außensims, nachtschwarz und scheinbar nur aus diesen zwei Leuchtkugeln bestehend. Gedämpft drang ein um Einlass bittendes Miauen zu mir, dieses durchdringende Klagen, vor dem man die Ohren nur schwer abwenden kann. Ich stand auf und zog den Vorhang zu. Versuchte dann vergeblich, noch einmal einzuschlafen.

Das Bett steht mitten im Raum. Die Großtante will es so. Die Großtante verlangte nach Licht. Sie verdächtigte uns, sie erblinden zu lassen. Ihre Netzhaut würde rissig vom vielen Schauen in die Dunkelheit, sie schlafe ja kaum noch. Frau Althaus öffnete das Fenster und die Läden. Der Wildbach wurde zum Vordergrundrauschen. Auch die Dunkelheit könne blenden, sagte die Großtante, während Frau Althaus damit begann, sie zu waschen. Was soll ich bloß tun, fuhr sie fort, wenn ich mich bereits in der Morgendämmerung krümme wie ein lichtscheues Insekt und mich augenblicklich in die Geborgenheit des Schlafs wünsche? Manchmal bleibe sie bis zum Abend in der Dämmerung stecken, wie in einem Tellereisen bleibe sie darin gefangen, und sie habe dann nichts als die Vorstellung von einem gelungenen Tag. Etwa in der Form einer vollkommenen Bewegung: eine in sich vollkommene Tagesbewegung, etwas Fließendes, ein schwereloses oder unbeschwertes Ineinandergreifen von Kleinundkleinstsequenzen ohne Zahl, eine Langsamkeit, keine träge, vielmehr eine tragende. Frau Althaus machte sich daran, die Großtante mit Wundtüchern zu versorgen. Ich wandte mich ab und blickte aus dem Fenster. Draußen nach wie vor Nebel. Zu dieser Zeit – die Großtante hatte sich mir, sichtlich zum Missfallen der Althaus, umständlich zugewandt –: »In dieser Jahreszeit wird das Dorf nicht selten zur Nebelsenke, treibt sein Verwirrspiel mit Mensch und Tier. Früher oder später muss man darin verloren gehen.« Überhaupt könne das Wetter hier verrücktspielen, ein Ärgernis sei das, sie habe ja das Sensorium einer Mehrfachamputierten. Ich nahm einen Stuhl und setzte mich zu ihr ans Bett. Wie meine Reise gewesen sei, fragte sie mich, ohne allerdings eine Antwort abzuwarten. Ihr selbst sei das Reisen – und dabei nicht zuletzt das Reisen mit dem Zug – immer der Inbegriff des Aufbruchs gewesen, jedesmal habe sie bereits beim Betreten des Bahnsteigs gespürt, wie etwas in ihr aufbrach, sich ihr die Sinne und dabei vor allem ihr Innen-Ohr öffneten ohnegleichen. Eine Art Tonikum für die Vorstellungskraft sei das, eine fieberhafte Erwartung, in der alles möglich scheine. Und das, obwohl sich, wie sie mir sagte, ihre Vorfreude jedesmal in Ernüchterung verwandelt habe, sobald ihr Zielort erreicht gewesen sei. Ankommen sei nie ihre Sache gewesen. Sie erinnere sich, wie sie einmal

– bereits als ältere Frau – auf der Heimreise von einem Besuch des Bruders in Novo Mesto gewesen sei: »Ich habe den Nachtzug genommen, und eine grundtiefe Schwärze hat meinen Orientierungssinn eingetrübt, so dass ich meinte, der Zug würde nicht in die Heimat, sondern geradewegs in die entgegengesetzte Richtung fahren. In meiner Erinnerung ist der schwach erleuchtete Waggon eine treibende Lichtinsel in der nachtsatten Landschaft. Ich bin damals eingeschlafen mit der Vorstellung, in einem wundersamen, mir fremden Land wieder aufzuwachen. Und tatsächlich war ich über alle Maßen enttäuscht, als der Morgen langsam aus seinem Nachtschatten trat und den Blick auf eine vertraute Umgebung freigab...« – Ob ich bereits Bekanntschaft mit der Katze gemacht hätte? Ich bejahte und erzählte ihr also von der frühmorgendlichen Begegnung. Als ich erwähnte, in meinem Schreck die Vorhänge zugezogen zu haben, nickte die Großtante zufrieden. Unter allen Umständen gelte es zu verhindern, dass das Katzentier ins Haus komme! Deshalb hätten auch die Fenster immer beaufsichtigt zu werden, wenn sie geöffnet seien. Frau Althaus war mit ihrer Arbeit fertig. Ich schloss das Fenster. Gemeinsam gingen wir dann in die Küche.

Am Nachmittag beschloss ich, einen Spaziergang zu machen, wenn ich auch wegen des dichten Nebels keine besonders große Lust dazu verspürte und eigentlich auch nicht wusste, welche Richtung ich einschlagen sollte. Dachte mir: Wer nicht weiß, wohin mit sich, läuft nicht Gefahr, auf Ab- oder Irrwege zu geraten. Ich sah die präzise gestutzten Ziersträucher vor dem ehemaligen Schulhaus – als solches durch eine Tafel neben dem Eingang ausgewiesen –, einen herrenlosen?, mal hierhin, mal dorthin ausscherenden Hund, der mit gesenktem Kopf durch die Gegend streunerte, ich sah unter dem Einheitshimmel Kontur gewinnende Bäume, von Wind und Wetter gezeichnete Tische im Gastgarten vor dem alten Wirtshaus, wo ich schließlich auch stehen blieb. Die Bäume wirkten, als hätten sie den Himmel geschultert, einige haben bereits ihre Blätter verloren ... Ich dachte an die Großtante, an ihre Frage, ob es eine Verwandlung ohne Schmerzen geben könne, wo man sich doch herauslösen, sich hinauszwängen müsse aus der eigenen beengenden Fremde, sich an sich selber stoßen, reiben, wundreiben müsse? Wir würden den kürzeren Schmerz der Entwöhnung mehr fürchten als den permanenten Juckreiz, den unser in der Sehnsucht wundgelegener Seelenkörper verursache. Ob ich nicht auch der Meinung sei, dass die Tage umso schneller dahinzögen, je weniger sie sich voneinander unterscheiden ließen? Ob ich nicht glaube, dass eher früher als später sich noch fast jeder einbilde, genug von der Welt gesehen zu haben, um keine neuen Erinnerungen mehr produzieren zu müssen? Wenn sich uns nichts mehr einpräge, *einschreibe*, sich jeder Tag wie der andere lese, dann beschleunige sich die Zeit, man glaube es kaum ... Ich betrat die Gaststube. Staubteilchen schwebten durch die Luft wie Phytoplankton. Die sich von den Zigaretten lösenden Rauchfahnen ließen mich an die heißen Partikelwolken der Schwarzen Raucher in der Tiefsee denken: Die Bedingungen dort konnten nicht lebensfeindlicher sein als hier. Ich setzte mich an die Bar. Über einem Tisch, an dem ein betagtes Zwillingsbrüderpaar und der – wie seine Kleidung vermuten ließ – hiesige Jagdaufseher saßen, brannte die einzige Lampe. In einer Ecke sah ich einen Mann in grauem Arbeitsoverall. Er rauchte, ohne sich um meine Blicke zu kümmern. Wie sich im Allgemeinen niemand um mich kümmerte. Selbst die Wirtin ließ sich Zeit, ehe sie ihr Mobiltelefon zur Seite legte und sich in meine Richtung bewegte. Mit einer Distanz oder Diskretion trat sie mir gegenüber, als arbeite sie in einer Wechselstube. Ich spürte augenblicklich die gläserne Wand zwischen uns. Du bist also der Anwaltsmensch, sagte sie nach einer Weile. Ich nickte überrascht. Die Wirtin hat eine hohe, stark gewölbte Stirn, ähnlich der von Zwergwüchsigen, eine Stirn, unter welcher der Rest ihres Gesichts ein Schattendasein führt. Ich bestellte ein kleines Bier. Aus den Augenwinkeln konnte ich beobachten, wie sich der Mann im Overall aus seiner Ecke erhob und die Gaststube gruß-los verließ. Als mir die Wirtin das Bier hinstellte, sah ich, dass ihre Fingernägel bis zu einer kaum denkbar möglichen, einen Teil des Nagelbettes freilegenden Grenze abgebissen waren. Ich fühlte mich unangenehm an eine weibliche Bekanntschaft aus meiner Zeit als Student in Nancy erinnert, die zwar ein aus-nehmend schönes Gesicht, aber dieselben abgebissenen Finger-nägel hatte, und einmal auf sie aufmerksam geworden, wurde ich meinen Ekel nicht mehr los, sooft ich auch in ihr schönes Ge-sicht sah. Ich trank und saß, saß mit gesenktem Kopf, um nicht zufällig dem Blick der Wirtin zu begegnen, und starrte auf die träge Kontinentaldrift des Restschaums in meinem Glas. Dann trank ich aus, bezahlte und ging.

Bett und Tisch und Schrank: Als hätten sie schon immer an die-sem Platz gestanden oder mehr noch, als könnten sie nur hier stehen und sonst nirgendwo. Allein eine Orchidee schmückt neuerdings den Nachtkasten, etwas geknickt steht sie in ihrem Topf unter dem hölzernen Kruzifix. Das Zimmer habe etwas Misstraueneinflößendes an sich, tönte die Stimme der Großtante durch den Raum, bereits mit dem ersten Anflug von Dämme-rung beginne sie sich wieder fremd zu fühlen, in sich selbst und in dieser Unverrücktheit, diesem Einerlei, von dem eine solche Gleichgültigkeit ausgehe, dass sie erschrecke. Warum, fragte sie an mich gewandt, warum ist mir nie ein Ort zur Heimat gewor-den, wie kann ich die Dinge zwar registrieren als das Bekannte schlechthin und in ihnen doch nichts erkennen als Unschulds-formen, die sich nicht und unmöglich an mir versündigen wol-len? Nach einer Weile, in der keiner von uns etwas sagte, begann sie wieder zu reden. Sie erzählte von ihrem Vater. Ich kannte die Geschichte bereits vom Vorabend, aber ich wollte, dass sie sich erzählt, ich spürte, es tat ihr gut, das Reden gab ihr das Gefühl, zumindest sprachlich auf ihre Umwelt einwirken zu können. Erinnerungen sind die Kehrwässer im Zeitenstrom, dachte ich mir. Der Vater, fuhr die Großtante fort, sei Sprengmeister gewesen, doch mit dieser Meisterschaft war es nicht so weit her, bei einem Tunnelbau in der Schweiz habe er beide Augen verloren. Als ich alt genug war, um meinen Vater richtig wahrzunehmen, *ihn zu erkennen*, konnte *er* mich nicht mehr erkennen, sagte sie, aber vielleicht besser so, ich bin kein besonders hübsches Kind gewesen. Sie habe immer das Gefühl gehabt, wenn der Vater ihr Gesicht berührte, tat er es weniger tastend als formend, als würde er ihre Züge aus dem Gedächtnis modellieren. – Es war dann plötzlicher Motorenlärm, welcher der Großtante das Wort abschnitt. Ich sah aus dem Fenster und erblickte ein Stück oberhalb der Abzweigung, an der es weiter hinauf zu einem Gehöft geht, einen Traktor: Aus mir unerfindlichen Gründen stand er mit laufendem Motor mitten auf der Straße, der Fahrer schien sich nicht zu rühren. Nachdem ich aufgestanden und ans Fenster getreten war, erkannte ich in ihm jenen Mann wieder, den ich im Wirtshaus gesehen hatte – er trug denselben grauen Arbeitsoverall. Vor sich hinstarrend saß er einfach da, das Lenkrad hielt er mit beiden Händen umklammert. Es dauerte eine Weile, bis er geräuschvoll einen Gang einlegte und davonfuhr. Der Zerles-Bauer, sagte die Großtante, jeden Tag das gleiche Szenario zur immer gleichen Zeit. Man könnte die Uhr danach stellen, wenn man wollte. Ich warf der Großtante einen fragenden Blick zu, aber sie winkte ab und verlangte nach den Morgennachrichten. Eilfertig wuselte die Althaus zum Radio und stellte es an. Ich hatte nicht bemerkt, dass sie im Raum war.

IRENE DIWIAK

Liebwies

PROLOG

Später würde die Geschichte anders erzählt werden.

Man würde sagen, Gisela Liebwies wäre schon immer eine strahlende Persönlichkeit mit außergewöhnlicher Stimme gewesen, die ihr Dorf wie ein Stern erleuchtet und an deren Zukunft als berühmte Sängerin niemand je gezweifelt hatte.

Man würde sagen, Ida Gussendorff wäre die wenig bedeutende Ehefrau eines genialen Dichters und Komponisten gewesen, deren einzige wirklich bemerkenswerte Tat es war, von den Nationalsozialisten verhaftet zu werden.

Es ist aber nun mal die seltsame Eigenschaft der Zeit, Geschehenes in schwammige Erinnerung und schließlich in Lügen zu verwandeln.

ERSTER TEIL

1.

Die wahre Geschichte beginnt nämlich nicht mit der zauberhaften Gisela und auch nicht mit der langweiligen Ida. Die Geschichte beginnt mit einem alten Lehrer namens Walther Köck, der im großen Krieg nicht nur den letzten Batzen Patriotismus, sondern auch die linke Hälfte seiner Nase verloren hatte, alles und jeden hasste und in das kleine Dorf Liebwies kam, um dort an der Volksschule zu unterrichten. Das war ein katastrophaler Abstieg für einen, der einst an einem privaten Bubengymnasium in der Großstadt Musik unterrichtet hatte, und es wäre auch für weniger feine Herrschaften ein katastrophaler Abstieg gewesen.

Welcher Teufel Köck geritten hatte, als er sich ausgerechnet nach Liebwies und somit zu Gisela verirrte, muss derselbe Teufel gewesen sein, der auch die Zügel in seinen Klauen gehalten hatte, als Köck sich als Freiwilliger zum Armeedienst meldete. Er hatte niemals zuvor patriotische Gefühle gehegt, aber als der Krieg nun einmal da war, hatte er gerufen:»Unsere Zeit erfordert Enthusiasmus und Einigkeit zu unserer Errettung!«

Damit könnte er recht gehabt haben oder auch nicht, in jedem Fall konnte er die Zeit trotz seinem tapfer durchgestandenen Kriegsdienst nicht vor Veränderungen bewahren.

Köck war aus dem Krieg heimgekehrt, als er schon als hoffnungslos verschollen gegolten hatte. Seine Ankunft war eine unangenehme Überraschung für alle Beteiligten: Seine Frau hatte sich bereits um Ersatz gekümmert (einen jungen Offizier, dessen Nase unverschämt ganz geblieben war).

Köcks Vorgesetzter, der Direktor des Bubengymnasiums, befand sich in der peinlichen Situation, umständlich erklären zu müssen, dass das Fach Musikerziehung ebenso wie der dazugehörige Lehrerposten gestrichen worden war.»Der finanzielle Engpass und Ihr angeblicher Tod haben sich da wunderbar getroffen, nun, nicht gar so wunderbar, da Sie ja noch leben ...«

Köck fühlte sich verraten. Die ganze Welt schien sich lustig zu machen über ihn, der, humpelnd und schwer durch ein einziges Nasenloch atmend, einen Orden verdient hätte. Nicht, dass er gar keine Orden erhalten hätte. Er hatte schon das eine oder andere Stück Metall angesteckt bekommen, jedoch nichts Besonderes, nur diese Auszeichnungen, die quasi zur Grundausrüstung eines Wehrdieners gehörten.

Aber er sehnte sich auch nicht nach militärischen Orden. Es waren göttliche Orden, die er verdient hätte.

Im Krieg hatte er sich eine Gerechtigkeit ausgemalt, die dem vielgeprüften Helden, also ihm selbst, am Ende der Geschichte widerfahren müsste. Und dieses Ende der Geschichte hatte er sich genau dort vorgestellt, wo er nach harten Jahren des Kampfes, der Angst und der Gefangenschaft endlich in seiner geliebten Heimatstadt aus dem dreckigen Zug stiege, seine geliebte Frau sich in seine Arme würfe und er seine geliebte Stelle am Gymnasium wiederaufnähme.

Und da das alles nicht geschehen war, wünschte er sich wenigstens, dass das Kaiserreich wieder ausgerufen würde. Nicht, weil er etwa Monarchist gewesen wäre. Er war im Grunde politisches Ödland. Was man nicht in Triolen und Sechzehntel zerlegen oder wenigstens küssen konnte, interessierte ihn herzlich wenig. Aber als er nun plötzlich wieder in seiner Stadt, in den ihm bekannten Straßen wandelte, traf ihn die ganze Wucht der Sinnlosigkeit. Sein Leben im Allgemeinen und die Kriegsjahre im Speziellen schienen ihm plötzlich wie feuerfeste Zündhölzer oder staubtrockenes Wasser, und er hatte eine ganze Liste solcher Vergleiche in seinem Kopf, die ihm sagten, dass er nicht getan hatte und niemals tun könnte, wozu er geschaffen war, weil sein gesamtes Leben samt der ganzen Welt eine Fehlkonstruktion darstellte.

Verstört irrte er durch die Straßen, und er war nicht der einzige. Alle schienen etwas oder jemanden zu suchen, alle waren verkrüppelt, auch die, die nicht auf dem Schlachtfeld gewesen waren, auch die Kinder, auch die Frauen.

»Und dafür«, sagte er sich, »habe ich mein Leben geopfert!« Er übertrieb natürlich, denn er war lebendiger als so mancher, und vielleicht hätte er trotz seines ramponierten Gesichts wieder eine Frau kennengelernt (der Witwenmarkt war groß wie nie), hätte vielleicht an einer noch viel besseren Schule Arbeit gefunden und sich an einem Flügel sitzend die Tage um die musikalischen Ohren geschlagen.

Aber das konnte er nicht. Er konnte es nicht, weil er nicht wollte. Er wollte im nationalen Selbstmitleid schwelgen. Wie man damals, nur wenige Jahre zuvor, gemeinschaftlich den Patriotismus beschworen und besungen hatte, so hasste man nun gemeinschaftlich die Trübsal von Staat, die geblieben war. Köck ging in seiner Trauer auf. Jede Nacht betrank er sich in einem anderen Lokal, jede Nacht erzählte er einem anderen Publikum seine Geschichte. Er, der als farbloser Professor mit ausgeprägter Liebe zum Detail seine Schüler regelmäßig in den Tiefschlaf getrieben hatte, erkannte nun ein neues Talent in sich: das schamlose Fabulieren über Grausamkeiten. Er schmückte seine Erzählungen zwar nie aus, er ließ aber auch nie etwas aus.

Die meisten anderen Veteranen kamen irgendwann an den Punkt ihrer Erzählung, an dem sie stockten, manchmal gar nicht mehr sprachen, in sich selbst zusammenfielen und dort die Dinge in ihrer Wahrhaftigkeit vorfanden, wie sie gewesen waren, als sie sich in einer Welt ohne Worte befanden.

Aber an diesen Punkt kam Köck nie. Jeder Blutschwall und jede von Giftgas verätzte Lunge fand bei ihm die dazugehörige Formulierung. Dadurch war er ausgesprochen unterhaltsam und hatte immer viele Zuhörer, aber auch das befriedigte ihn nicht wirklich. Jede seiner Reden beendete er mit den Worten: »Und wofür? Für einen Scheißdreck!«

Dass er ohne Probleme so lebhaft von seinen Erlebnissen sprechen konnte, lag daran, dass sie ihn eigentlich nicht wirklich berührten. Und das wusste er auch. In seinem Innersten berührte ihn gar nichts wirklich, das Leid nicht und auch nicht die Freude.

Wenn er in besonders depressiven Nächten allein in seinem schmalen Pensionsbett lag, kam ihm das schmerzlich zu Bewusstsein. Ja, sagte er sich dann, ich habe mich noch dazu mein ganzes Leben lang selbst angelogen. Die wunderschönen Sätze, die er sich zurechtgelegt hatte, Unsere Zeit erfordert Enthusiasmus, und so weiter und so fort, das alles hatte er gesagt, um sich Empfindungen anzudichten. Im Grunde hatte er nicht mehr hinter seinen Rippen als einen kleinen, schon immer und seit dem Krieg erst recht verwundeten Stolz. »Sonst nichts«, murmelte er mit Tränen in den Augen und wusste im selben Moment, dass selbst diese nicht mehr als ein Wasserlassen seines Stolzes bedeuteten.

Natürlich war er nicht glücklich über seine halbe Nase, den verlorenen Krieg, die verlorene Frau. Er hatte selbstverständlich keine Freudentänze aufgeführt, wenn seine Kameraden neben ihm wie Säcke zu Boden gefallen waren, aber es hatte ihn in Wahrheit nicht mehr berührt als etwa ein verstimmtes Klavier, und auch das berührte ihn nicht besonders. Denn obwohl er sich ständig einzureden versuchte, dass die Töne seine Welt wären und er eben nur in dieser besonders sensibel und gefühlvoll, konnte er sich für eine meisterhaft komponierte Opernarie nicht mehr begeistern, als es etwa seine Frau auch getan hatte (»Wie die das nur immer schaffen, so hoch und laut zu singen!«), und die vielen schiefen Töne im Schulbubenchor schmerzten zwar in seinen Ohren, nicht aber in seinem Herzen.

Er hatte die Sentimentalität des ganzen Staates in sich aufgesaugt, um auch einmal etwas zu empfinden. Zuerst die gute Siegesstimmung, nun die stumpfe Enttäuschung.

Es war eine fürchterliche Nacht, die Köck in einem Gastzimmer einer heruntergekommenen Wirtschaft wach lag. Ihm gingen all diese Gedanken wieder einmal durch den betrunkenen Kopf, aber diesmal schlief er nicht einfach ein. Diesmal sprang er aus seinem Bett, schaute in den schmutzigen Spiegel und sagte laut und deutlich, ohne zu lallen: »Ich werde etwas ändern!« Er sagte »etwas«, weil es leichter von den Lippen ging als »mich«, und manchmal, fand er, reichte es ja auch, »etwas« zu ändern. Dann schlief er ein.

2.

Den nächsten Tag verbrachte Köck damit, die verschiedensten Wirtshäuser der Stadt abzuwandern und ausstehende Zechen zu begleichen. Er war zu stolz gewesen, seine Frau um das Geld zu bitten, das ihm eigentlich zustand. Den Großteil seiner Besitztümer hatte er nicht aus dem Haus geholt. Das Haus selbst, welches laut Grundbuch ebenfalls ihm gehörte, hatte er in Gedanken auch schon der Untreuen vermacht. So verfügte er im Moment über nicht mehr Geld, als er in seiner Hosentasche stecken hatte. Das reichte für ein paar Wirtshaus-Rechnungen (die meisten erließen ihm das ein oder andere und gaben großzügig Prozente, denn die neue Währung fühlte sich für die Wirtsleute an wie Spielgeld, und sie vertrauten nicht darauf, dass die zerknüllten Scheine auch am nächsten Tag noch den Wert von Schnaps und Bier haben würden). Danach kaufte sich Köck ein Zugticket »hinaus aufs Land«. Mehr konnte er der Dame, die hinter dem Schalter die kleinen bunten Papiertickets aus einem großen Katalog heraussuchte, auch nicht sagen. Sie drückte ihm lächelnd einen blauen Fahrschein in die Hand und verlangte dafür alles Kleingeld, was Köck noch geblieben war. »Karlsberg«, sagte sie. Köck nickte.

Draußen lehnte ein junger Bursche dösend an einer Säule. An anderen Tagen versuchte er wohl, sich durch das Hin-und-her-Tragen von Gepäck ein wenig Geld dazuzuverdienen, aber an diesem Dienstagnachmittag war kaum etwas los. Als Köck ihn anstupste und nach dem richtigen Bahnsteig fragte, blinzelte der Junge als wäre er eben geweckt worden.

»Karlsberg«, sagte er mit verschlafener Stimme, »ist aber ein ungewöhnliches Reiseziel, wenn Sie erlauben.«

»Mich erwartet dort kein Urlaub, sondern ein neues Leben!«, antwortete Köck etwas harsch, als müsste man ihm diesen Umstand auf den ersten Blick ansehen.

»Dann wollen Sie also dort bleiben, in Karlsberg?«

»Oder in der Nähe, ja.«

»Oder in der Nähe ... sind ja nur die Berge dort, gnädiger Herr, ist ja sonst nichts in Karlsberg. Wissen Sie, ich stamme von dort, und mir fällt kein gescheiter Grund ein, in die Karlsberger Umgebung auszuwandern.«

Köcks Zug würde erst in einer Stunde ankommen, und zwar an dem Bahnsteig, an dem sic bereits standen. Der Bursche hatte sich den ganzen Tag gelangweilt. Und nun, da er schon einmal wach war, bot er Köck eine Zigarette und einen Lehnplatz an seiner Säule an und begann von seiner Jugend auf dem Land zu erzählen. Köck musste bald erkennen, dass der Junge keine besonders aufregende Kindheit gehabt hatte, und jeder umgefallene Karren und jede Kalbsgeburt einen Höhepunkt seiner Erzählung darstellte, auf die Köck dann auch gebührend zu reagieren hatte. Dabei hörte er nicht einmal mit einem Ohr wirklich zu und konzentrierte sich mehr auf die riesige Bahnhofsuhr, deren langer Zeiger sich behäbig Minute um Minute weiterschleppte, während der kleine dicke Stundenzeiger starr auf seinem Platz stand und nichts zu unternehmen schien, um Köcks neues Leben ein wenig näher zu rücken.

In irgendeiner langweiligen Anekdote fiel auch das Wort »Liebwies«. Dabei handelte es sich, soweit Köck mitbekam, um ein verstecktes Dorf in der Nähe von Karlsberg, das der Bursche, warum auch immer, für besonders erbärmlich hielt. »Ja, und stellen Sie sich das vor: Im letzten Sommer starb also der Lehrer der Liebwieser Volksschule, ein alter Mann. Nicht, dass es eine Überraschung gewesen wäre. Aber seitdem steht die Schule dort einfach leer. Von den Bauern schert sich keiner, und von oben schert sich auch keiner, weil was interessiert die Stadtmenschen ein Dorf in den Bergen, oder besser gesagt zwischen den Bergen, ein kaum erreichbares Tal. Nicht, dass da eine einzige Straße hinführt oder ein Gehweg. Dass ich in dieser Gegend geboren bin, dafür kann ich nichts, gnädiger Herr, aber dass Sie dort freiwillig hingehen ... Aber freilich, die Bergwelt ist sehr erhaben, nicht, dass Sie mich falsch verstehen.«

Als hätte der Zug nur auf dieses Stichwort gewartet, fuhr er plötzlich fünfzehn Minuten zu früh, laut pfeifend in den Bahnhof ein. Köck verabschiedete sich hastig von dem Jungen, der ihm in der Hoffnung auf Trinkgeld noch einige Schritte folgte, und sprang in den Wagen, als würde der Zug nur wenige Sekunden im Bahnhof halten und außerdem der letzte Zug der Welt sein, der nach Karlsberg fuhr.

Ganz offensichtlich war es ja nur eine Verkettung von Zufällen: die Dame, die ihm ausgerechnet eine Karte nach Karlsberg verkauft hatte, der Junge der aus der Gegend von Karlsberg stammte und außerdem in seinem Redeschwall eine frei gewordene Stelle im Dorf Liebwies erwähnt hatte, der Zug, der, um dieses Angebot zu unterstreichen, genau da gepfiffen hatte ... eine Verkettung von Zufällen, die mit Köck nur insofern zu tun hatten, als dass er hineingestolpert war. Aber trotzdem witterte Köck nun endlich die Belohnung, nach der er schon so lange gesucht hatte. Obwohl er weder gott- noch schicksalsgläubig war, konnte diese Menge an Zufällen nicht bedeutungslos sein. Während der Zug geräuschvoll aus dem Bahnhof rollte, wusste Köck es schon: Er würde der neue Volksschullehrer von Liebwies werden.

3.

Im Jahre 1924 herrschte in Liebwies noch ein früheres Jahrhundert. Das Dorf bestand aus einigen Bauernbetrieben, die rund um die kleine, prachtlose St.-Anna-Kirche verteilt waren. Die Felder wurden ohne landwirtschaftliche Maschinen bestellt. Bei Festen wurde der Kaiser besungen. Dessen Tod, der nun immerhin auch schon acht Jahre her war, war noch nicht bis in das Tal der Liebwieser vorgedrungen. Dass inzwischen ein potentieller Kaiser erschossen und ein neuer schon wieder vertrieben worden war, hätten sie auch dann nicht geglaubt, wenn man es ihnen gesagt hätte.

In den offiziellen Papieren existierte Liebwies überhaupt nicht. Kein Register erfasste das Dörfchen. Dieser Umstand war weder in dem alterskranken Kaiserreich noch in der Republik voller Kinderkrankheiten ein Nachteil gewesen: Kein Mann hatte das Dorf zum Kriegsdienst verlassen müssen. So war ihnen nicht nur viel Leid erspart geblieben, die Liebwieser waren auch nie gezwungen gewesen, die Welt jenseits der Bergwände zu erkunden.

Köcks Reise nach Liebwies barg einige Schwierigkeiten. Zum einen war Karlsberg nicht das einzige Kuhdorf, in dem der Zug stehen blieb, sodass er eher durch das Land stotterte, als dass er wirklich fuhr. Immer wieder wurde Köck durch das Ruckeln und Pfeifen aus seinen Gedanken gerissen.

Bei jedem Halt strömte ein Schwall Passagiere hinaus und ein Schwall neuer Passagiere herein. Köck fühlte sich, als führe er durch ein Passagierfabrik, in der altes Material zu neuem verarbeitet würde. Allerdings veränderte sich die Optik seiner Mitreisenden: So waren am Anfang seiner Fahrt noch schüchterne Damen, blasse Studenten und verschreckte Veteranen Köcks Begleiter, am Ende teilte er sich den Bahnwaggon schon mit breitschultrigen Bauersfrauen, deren niemals stillsitzenden Kindern , einige älteren Männern und ein paar Hühnern.

Das war allerdings nichts, was Köck als störend empfunden hätte. Im Gegenteil, er fühlte sich, als würden er mit echten Indianern um ein Lagerfeuer tanzen oder sich auf dem Zigeunerjahrmarkt die Hand lesen lassen: Er war ganz erfüllt von Folklore. Und da dies ja kein einstudiertes Schauspiel war, war er nun ganz überzeugt, dass er nur hier auf dem Land zu ehrlichen Empfindungen kommen könnte.

Als er aber nach Stunden der Zugfahrt plötzlich inmitten von Wiesen und Wäldern neben einem Schild mit der Aufschrift

Karlsberg aussteigen musste, war er dann doch etwas verunsichert. Unter Karlsberg hatte er sich zumindest ein kleines Dorf vorgestellt. Der Bahnsteig lag aber mitten in der Natur. Nicht einmal in der Ferne konnte er ein einziges Haus erkennen. Köck besaß keine Karte und hatte so nichts als die vage Beschreibung des Gepäckjungen, um Liebwies zu finden.

An derselben Station war glücklicherweise auch ein kleiner, zerfurchter Bauer ausgestiegen, den Köck nun nach dem Weg fragte. Dieser zeigte etwas unbestimmt dorthin, wo sich die Kalkberge über die Wälder erhoben, und marschierte dann zügig in die entgegengesetzte Richtung davon.

So also folgten Tage der Wanderung. Die Nächte verbrachte Köck meistens auf Höfen oder Hütten, wo er Brot mit Milch und Käse serviert bekam und die Gastgeber nach dem Weg fragen konnte. Allerdings hatten auch diese oft noch nie etwas von Liebwies gehört. Andere konnten immerhin vage Wegbeschreibungen geben, und einer zeichnete Köck schließlich einen Plan auf sein Stofftaschentuch, an dem er sich orientieren konnte.

Es hätten Tage der Selbstfindung sein können. Einsam von Hütte zu Hütte wandern, mit nichts als den Kleidern am Leib, die eigene Existenz spüren in der unberührten Natur, jedoch: Köck half es nichts. Im Gegenteil: Es kränkte ihn sogar ein bisschen, dass er diesen Erfahrungen nichts abgewann, dass sein Geist sich nicht öffnete, oder was auch immer er sich von der Bergwelt erhofft hatte.

Er war erleichtert, als er nach einiger Zeit die St. Anna-Kirche erreichte, die ihm der ortskundige Hüttenbesitzer als Kennzeichen für Liebwies aufgezeichnet hatte. Sie war mehr eine Kapelle, in die man an hohen Festtagen aber die gesamte Dorfgemeinschaft hineinquetschen konnte. Außerdem gab es eine für die Winzigkeit der Kirche geradezu imposante Orgel.

THEODORA BAUER

Chikago

1.

Die Katica ist in der Früh aufgestanden, ihre nackten Füße auf dem staubigen Holzboden. Ihr hat es auf den Magen gedrückt, so etwas Grausliches, zum Speiben ist ihr gewesen. Draußen noch finster, ganz langsam hat sich das Licht zusammengeballt und ist durch den Vorhangspalt hereingerieselt. Die Schwester, die neben ihr im Bett gelegen ist, hat sie angeschaut. »Ča je?«, hat die Schwester gefragt, aber die Katica hat nur den Kopf geschüttelt. Sie ist am Bettrand gesessen, hat gekeucht, hat das Blut gespürt, das schön langsam in die Beine geflossen ist. Schweißnass ist das Nachtgewand an ihrem Rücken geklebt. Eine Sauerei ist das gewesen, nichts als eine Sauerei. Sie ist aufgestanden, an der Kammer vom seligen Vater vorbei, die jetzt leer gewesen ist. Der große Schlüssel hat gequietscht in der Holztür. Es ist schon fast Oktober gewesen, sie hat die Feuchte zwischen ihren Zehen gespürt. Einige Schritte ist sie auf der Wiese gegangen, sie hat gerade noch den Zaun zum Hühnerstall zu fassen bekommen. Von drinnen hat sie leises Federrascheln gehört. Dann hat sie sich übergeben.

Die Katica hat sich hingesetzt. Sie ist sich schwer vorgekommen, viel zu schwer für ihren Körper, obwohl man noch gar nicht viel gesehen hat. Als hätte sie einen von den moosgrünen Steinen gefressen, die hinterm Haus gelegen sind. Sie hat sich an den Apfelbaum gelehnt, an ihren Lieblingsbaum, den der Vater mit ihr gepflanzt hat, wie er noch gelebt hat. Die Katica hat sich noch genau erinnern können, obwohl sie damals noch ganz klein gewesen ist. Der Vater hat die frische Erde um den

39

Baum herum mit der Schaufel festgedrückt. Dann hat er sich aufgerichtet. Mit einer erdigen Hand ist er ihr über die Haare gefahren. »Kako ti se vidi?«, hat er gefragt. Die kleine Katica ist vor dem Baum gestanden, der nicht mehr als ein Beserl mit ein paar Blättern dran gewesen ist. Der Baum ist genauso hoch gewesen wie sie. »Malo je«, hat sie gesagt, und der Vater hat gelacht, weil ihre Stimme so unschlüssig geklungen hat. »Der wird schon noch größer«, hat er gesagt, und die Katica hat sich das damals nicht so recht vorstellen können. Aber jetzt hat sie gespürt, wie schnell die Dinge wachsen, und dass man das meistens gar nicht aufhalten kann.

»Kako ti gre?«, hat sie hinter sich gehört. Sie hat sich nicht einmal umdrehen müssen. »Geh wieder hinein«, hat die Katica gesagt, »es ist nichts. Sve je u redu.« Die Schwester hinter ihr hat geschwiegen. Das Licht ist schön langsam dichter geworden. Sie hat die Äpfel sehen können, die noch am Baum gehangen sind. Alles ist feucht gewesen um sie herum, auch das Nachthemd um ihre Beine, feucht und kühl. »Ist wirklich alles in Ordnung?«, hat die Schwester gesagt und ein paar faulige Früchte mit dem Fuß weggetreten. »Ich hab dir gesagt, du sollst wieder hineingehen, Anica«, hat die Katica gesagt. Der schwere Körper der Schwester ist neben ihr ins Gras geplumpst. Der Stamm ist nicht breit genug gewesen für zwei, und so hat sich die Schwester unbequem hinknotzen müssen neben ihr. Sie hat ihre hochgezogenen Knie mit den Armen umschlungen. Die Katica hat die kräftigen Hände von der Schwester betrachtet, die sich vor den Beinen gegenseitig gehalten haben. Sie hat den Kopf gehoben und hinauf in die Blätter vom Apfelbaum geschaut, und dahinter weit weg in den Himmel. Die Stille ist lange geworden, bevor die Schwester wieder gesprochen hat. »Wie gehts denn dem Kind?«, hat die Anica gesagt, und jetzt, zum ersten Mal, hat die Katica ihr in die Augen geschaut.

»Woher weißt du denn das?«, hat sie gesagt. Das Gesicht der Schwester ist gleichmäßig gewesen, aber nicht schön, auf der Stirn haben sich die ersten dünnen Fältchen abgezeichnet. Ihr Gesicht ist im Halbdunkel gelegen, aber ihre Augen hat man gut gesehen, und im blassen Mondlicht die breite Stirn. »Ich bin ja auf Wien gegangen«, hat die Schwester gesagt, »vorm Krieg, da hat die Herrschaft auch ein-, zweimal ein Kind erwartet, wie ich dort gewesen bin. Aber wenn man am Anfang viel speibt, dann gehts einem nachher besser. Das haben sie zumindest dort gesagt.« Die Katica hat den Blick abgewendet, sie ist sich dumm vorgekommen und sehr jung. Und gleichzeitig hat sie auf einmal eine derartige Wut auf den Ribović Franjo bekommen, dass sie ihn auf der Stelle erwürgt hätte, wenn er vor ihr gestanden wäre. »Was magst jetzt machen?«, hat die Schwester gesagt und die Katica betrachtet. Sorge ist in ihren kleinen dunklen Augen gelegen. »Kriegen«, hat die Katica gesagt und mit den Schultern gezuckt.

2.

Die Eltern haben sich nicht gewundert, wie er ihnen gesagt hat, dass er ins Amerika hinübergeht. Sie haben gesagt, leicht wirst dus nicht haben, und das ist es gewesen. Der Feri hat nicht gewusst, was das heißen hat sollen. Hat man es hier denn leicht gehabt? Vielleicht haben die Eltern ja noch ein anderes Land gekannt, eines, das sie Heimat genannt haben, wie sie drüben gewesen sind, das immer schöner geworden ist in ihrer Erinnerung, in dem die Kirschen geblüht haben und die Marillen, in dem die Trauben fett in den Weingärten gehangen sind und nur darauf gewartet haben, dass man sie isst. Der Feri jedenfalls hat dieses Land nie gesehen. Die Eltern haben ja nur so daherreden können, weil sie so lange nicht hier gewesen sind, weil sie nicht mitbekommen haben, wie trocken das Land geworden ist und wie schal es geschmeckt hat in seinem Abgang. Das ist das Ende der Welt gewesen, einmal nach der einen Richtung hin, einmal nach der anderen. Die Alten sind schon abgestumpft gewesen gegenüber diesem Gefühl. Aber die Jungen haben es gemerkt.

Wenn er mit der wenigen Arbeit fertig gewesen ist, die es für ihn gegeben hat, dann ist der Feri auf dem Dorfplatz herumgegangen, wie die anderen jungen Burschen hier. Er hat den Gatsch unter seinen Sohlen gespürt oder den Staub oder den Schnee. Je nach Jahreszeit ist ihm kalt gewesen oder warm. Lange ist nichts passiert. Er hat die Blicke von den alten Frauen in seinem Nacken gefühlt, die auf den Bänken vor ihren Häusern gesessen sind, als wären sie dort festgewachsen.

Was hat es hier auch zu holen gegeben? Den Hof hat der Feri nicht übernehmen können. Dazu, dass er seine Brüder auskauft, hat ihm das Geld gefehlt. Ein Handwerk hat er nie gelernt, weil es niemanden gegeben hat, der es ihm beibringen hätte können. Er hat bei den Eltern gelebt, die ihn geduldet haben, die geschwiegen haben, nicht weil sie bösartig gewesen wären, sondern weil sie das lange Schweigen gewohnt gewesen sind. Die Zeit ist dem Feri zuwider gewesen, richtig übel ist ihm geworden, wie er in die langen Sommerabende, in die Herbstnachmittage und Winternächte geblickt hat. Es hat hier nichts zu tun gegeben, nicht für ihn und nicht für irgendjemanden sonst. Überall ist es besser gewesen als hier.

Der Feri hat seine Tante einmal gefragt, ob es eine Zeit gegeben hat, in der niemand ausgewandert ist. Die Tante hat gerade die Wäsche durchgedrückt, mit beiden Händen ist sie im Bottich gesteckt. Der Feri hat das Wasser gehört, wie es an die Ränder geschlagen ist. Er ist noch so klein gewesen damals, dass er nicht einmal in den Bottich hineingesehen hat. Die Tante hat innegehalten und sich zum Feri hingedreht. »Sicher hats die gegeben«, hat sie gesagt. Sie hat kurz nachgedacht. »Irgendwann wird es so eine Zeit schon gegeben haben.« Der Feri hat sich am Rand vom Bottich angehalten und versucht, einen Blick hinein zu erhaschen. »Vorsicht«, hat die Tante gesagt und das große Gefäß niedergehalten, das unter dem Gewicht vom Feri fast umgekippt wäre. Mit einer Handbewegung hat sie den Feri weggewunken, der nur widerwillig vom Bottich abgelassen hat.

»Wieso ist die Mama ausgewandert?«, hat er gefragt, nach einer kleinen Pause. Die Tante hat sich mit dem seifigen Handrücken über die Stirn gewischt. »Weil der Vater ausgewandert ist«, hat sie gesagt und wieder begonnen, die Wäsche zu kneten. »Und wieso ist der Vater ausgewandert?«, hat der Feri gefragt. »Weil er müssen hat«, hat sie erwidert. Die feuchten Kleidungsstücke haben geschmatzt, wie sie sie bearbeitet hat. Die Tante hat ernst ausgesehen dabei und konzentriert. »Und wieso hat der Vater auswandern müssen?«, hat der Feri gefragt. Die Tante hat einen schweren Seufzer getan, der dem Feri gesagt hat, dass nichts mehr zu erfahren gewesen ist von ihr. »Geh Bub, frag mich nicht solche Sachen«, hat die Tante gesagt, »deine Eltern werden schon wiederkommen. Geh lieber hinaus und tu die Eier abnehmen, das macht sich auch nicht von selbst.« Die Tante hat den Feri an den Schultern gefasst und mit einer sanften Bestimmtheit bei der Tür hinausgeschoben. Sein Hemd ist nass gewesen, dort, wo sie ihn angegriffen hat. Er hat sich umgedreht und in der Sonne zur Tante hingeblinzelt, die in der Tür gestanden ist. Sie hat ihn angesehen. Ihre Stirn ist in vielen kleinen Falten gelegen. Die Tante hat wieder diese Handbewegung gemacht, mit einer gewissen Ungeduld, in Richtung Hühnerstall. Dann hat sie sich umgedreht und ist im Haus drinnen verschwunden.

Der Feri hat sich gefragt, wieso die Tante eigentlich noch hier gewesen ist, wo doch sonst alle ausgewandert sind; was sie hier gesucht hat, was sie gehalten hat. Erst lange danach ist dem Feri klar geworden, dass es wohl etwas mit ihm zu tun gehabt haben könnte und mit seinem Bruder. Mit den wenigen schmächtigen Hühnern und den drei Ziegen, die ihre Aufsicht gebraucht haben. Mit der Großmutter, die schweigend in der Stube gesessen ist und langsam immer weniger geworden ist neben ihnen. Und wie er das alles endlich verstanden hat, da hat er sich ziemlich geschämt.

3.

Die Anica ist gern hier gesessen. Von hier aus hat man schön über die Ebene gesehen, bis nach Pressburg hin und bis zu den Hügeln hinter der Stadt. Die Felder dazwischen sind warm und golden vor ihr gelegen. Die Anica hat die Augen zugemacht. Sie hat gespürt, wie sich das Bild von den hellen, leuchtenden Feldern hinter ihren Augenlidern abgezeichnet hat. Vierburgenland haben sie es nennen wollen. Ein seltsamer Name, aber ein schöner.

Die Anica hat noch gewusst, wie es in Wien gewesen ist, wie der Kaiser noch gelebt hat. Es ist eine gute Zeit gewesen und in ihrer Erinnerung meistens sonnig. Am Wochenende ist sie oft mit den Kindern spazieren gegangen. Sie hat die zwei kleinen Buben in ihre Sonntagsanzüge gesteckt und ist mit ihnen in die Innenstadt gefahren. Gemeinsam sind sie den Ring entlanggegangen. Der größere ist besonders lebhaft gewesen und hat an ihrer Hand gezogen wie ein kleiner Gaul. Einmal, wie sie so gegangen sind, hat sie den Kaiser gesehen. Er muss es gewesen sein; sie hätte schwören können, dass er es gewesen ist. Der Kaiser ist in einem herausgeputzten Gespann an ihnen vorbeigefahren, sein dichter, weißer Bart hat im Sonnenlicht geglänzt. Er hat freundlich gegrüßt und sich sogar ein wenig aus der Kutsche hinausgebeugt, um ihr und den Kindern nachzusehen. Die Anica ist stehen geblieben, so plötzlich, dass sogar die Buben an ihren Händen leise geworden sind. Keiner von beiden hat gewusst, wieso die Frau Aufpasserin mit so großen Augen der Kutsche mit dem alten Mann darin nachgeschaut hat. Bis heute ist sich die Anica nicht sicher, ob sie es sich nur eingebildet hat oder ob sie ihn wirklich gesehen hat, den Kaiser. Aber eigentlich ist es egal gewesen. Die Erinnerung daran hat ihr gefallen. Es ist eine schöne Erinnerung gewesen und eine, die ihr im Nachhinein sehr bedeutsam vorgekommen ist.

Die Anica hat die Augen aufgemacht. Sie hat die Käfer surren gehört in den Halmen. Das kleine Waldstück in ihrem Rücken ist still dagelegen, kein Windstoß, kein Hauch, kein Geräusch von keinem Menschen. Der Spätsommer ist schwer über dem Land gehangen. Sie hat sich nicht erinnern können, dass es Ende September schon einmal so warm gewesen ist.

Die Anica hat nichts anderes gekannt als die dunkelgrünen Hügel mit der Stadt im Hintergrund, als die lang gezogenen Felder davor, als den Ort mit seinen unebenen Straßen und die Zigeunersiedlung an seinem Rand. Das ist ihr Land gewesen, das und nichts anderes. Das Wien, das sie auch einmal gekannt hat, das hat es jetzt nicht mehr gegeben. Das ist nur mehr in ihrem Kopf gewesen, mit dem Kaiser und der schön geschmückten Kutsche, mit den Paraden und den Sonntagnachmittagen im Prater und ihrem winzigen Dienstbotenzimmer in der riesigen Wohnung im Parterre. Jetzt ist der Krieg vorbei gewesen und sie haben neue Länder gemacht, sie haben Grenzen hin und her gezogen und manchmal mitten durch Landschaften hindurch. Es hat geheißen, dort vorne, dort, bei Pressburg, dort hört das Land jetzt auf. Die Ana hat das nicht verstanden. Was hat das heißen sollen, aufhören? Der Hügel ist immer noch dort gestanden und ebenso die Stadt, obwohl Pressburg jetzt in der Tschechoslowakei gelegen ist. Wo hat sich diese seltsame neue Grenze befunden, ist sie vor Pressburg durch die Felder gegangen, ist sie seitlich verlaufen oder irgendwo dazwischen, unvermutet in Zacken am Dorfrand vorbei? Und sie selbst, sind sie jetzt noch bei Ungarn gewesen oder schon bei Österreich? Sind sie Deutschwestungarn gewesen oder Vierburgenländer? Wo das doch gar kein Widerspruch gewesen ist – wie es den Kaiser noch gegeben hat, sind sie doch immer schon bei Österreich gewesen und bei Ungarn auch! Die Ana hat sich gefragt, ob man das überhaupt können hat, ob man das dürfen hat, so einfach ein neues Land schaffen, durch einen Handschlag vielleicht, einen Schwur, eine Unterschrift? Und was dann passiert? Ob man ihn spürt, den genauen Moment, wo ein Land zu einem anderen wird? Ob man ihn spüren sollte? Vielleicht geht dann ja ein sanftes Ruckeln durch den Boden, oder die Luft verändert sich, oder die Menschen schauen anders drein? Vielleicht fühlt man sich selber anders? Oder vielleicht passiert auch gar nichts, vielleicht ändert sich gar nichts, vielleicht ist alles so wie immer, die Anica hat es nicht gewusst. Vielleicht ist die Grenze ja gerade mitten durch ihre Bank verlegt worden, genau in diesem Moment, und die Ana hat es nicht einmal bemerkt.

4.

Der Katica sind als Erstes seine dunklen Augen aufgefallen und seine schmale, feingliedrige Figur. Ihr hat gefallen, dass er immer so verlegen gewirkt hat, wenn sie in seine Richtung geschaut hat. Vorlaute Gestalten hat es hier genügend gegeben, Burschen, die sich einem schon bei der erstbesten Gelegenheit entgegengeschmissen haben, ob man sie darum gebeten hat oder nicht. Die hat sie zur Genüge gekannt. Aber der Franjo hat anders ausgesehen als die. Der Franjo hat nicht kräftig gewirkt oder stark, er hat nicht ausgeschaut, als ob er viel heben hätte können. Für einen Feldarbeiter oder einen Bauern ist er viel zu fragil gewesen. Aber vielleicht ist es genau das gewesen, was der Katica am besten gefallen hat: Der Franjo hat nämlich ausgeschaut, als ob er nicht hierhergehört. Als wenn seine Zukunft nicht hier im Dorf stattfinden würde, sondern in einer Stadt, wo sie keine Leute vom Land brauchen könnten mit Händen wie Kübeln und groben Gesichtern, sondern feine Gestalten, die zumindest so aussehen, als ob man sie in einen gut geschnittenen Anzug stecken könnte. Der Franjo hat nach Zukunft gerochen und nach einer bestimmten Art von Versprechen. Das hat die Katica gemerkt. Und es hat ihr gefallen.

Die Katica hat ihre alte Tracht angezogen. Die Schwester hat ihr Zöpfe gebunden und zwei große rote Maschen an den Enden festgemacht. Die Tracht ist zwar alt gewesen, aber sie ist ihr gut gestanden. Die anderen Mädchen haben ihr böse Blicke nachgeschickt, aber der Katica ist das egal gewesen. Sie hat gewusst, dass sie die Schönste im Dorf gewesen ist, und so hat sie sich auch betragen. Es hat so oder so nicht viel Gelegenheit zum Tanzen gegeben in letzter Zeit, und sie hat sich keine verderben lassen wollen, nicht von den eifersüchtigen Mädchen, und nicht von ihrem seltsamen Gerede. Die Katica ist fest entschlossen gewesen, dass sie den Kirtag genießt, und so hat sie an diesem Abend gelacht, bis ihr die Wangen wehgetan haben.

Der Franjo ist bei seinen Freunden gestanden. Er ist still gewesen wie immer. Die anderen Burschen haben mehr gesprochen, haben lauter gesungen als er. Die Katica ist an ihnen vorbeigegangen. Sie hat den Franjo angelächelt. Der hat sich an seinem Bier verschluckt. Die Burschen haben ihn angerempelt, er hat ganz verdattert ausgeschaut, und die Katica hat sich bemüht, dass sie nicht zu lachen anfängt. »Zdravo Franjo«, hat sie gesagt und die Gesichter ignoriert, die seine Freunde neben ihm gezogen haben. »Magst tanzen mit mir?«, hat sie ihn gefragt, auf Deutsch, weil sie gewusst hat, dass der Franjo kein Kroatisch spricht. Dann hat sie ihn bei der Hand genommen, und bevor er noch etwas sagen hat können, hat er die Katica im Arm gehabt. Die Zigeunerkapelle hat einen ordentlichen

Csárdás gespielt, den sie so schnell tanzen haben müssen, dass sie beide atemlos geworden sind. Es hat ein bisschen etwas geholfen, dass der Franjo schon genug Bier getrunken hat, dass er mutig geworden ist. Für viel mehr als einen scheuen Kuss hat es aber nicht gereicht. Schlussendlich ist es die Katica gewesen, die ihn weg vom Tanzboden und zu dem kleinen Wäldchen außerhalb vom Ort geführt hat. Sie hat sich gedacht, der ist wie die anderen Burschen auch, der weiß, wie man an sich hält, wenn er schon so vergeistigt ausschaut und so nobel. Aber da hat sie sich verschätzt gehabt. Er ist auch in der Hinsicht nicht gewesen wie die anderen, die immer ehrlich gewesen sind und solide, sondern wie die feinen Herren, die einem sang- und klanglos ein Kind anhängen vor lauter Unbeherrschtheit. Das hat man also davon, wenn man denen nachstellt und sich einen wünscht, der nicht so ist wie man selbst. Jetzt ist die Katica gescheiter gewesen in dieser Hinsicht. Aber davor hat sie das ja noch nicht gewusst.

MARIE LUISE LEHNER

Fliegenpilze aus Kork

Geboren werden.

Ich werde in einem Spital am Stadtrand geboren. Die Schuhe der Schwestern quietschen auf den grauen Linoleumböden in den Gängen. Im Aufenthaltsraum stehen Gummibäume und es läuft Musik aus dem Radio. Es ist sechs Uhr dreiunddreißig. Ich habe die Hautfarbe von ihm. Schon bei der Geburt habe ich viele dunkle Haare.

Eins werden.

Meine Eltern wohnen in einer WG im zweiten Bezirk. Einer der Mitbewohner beschwert sich regelmäßig, weil ich in der Küche mit dem Leergut spiele. Gegenüber von unserem Fenster lebt eine alte Frau, die uns Tag und Nacht beobachtet. Vor der Tür gibt es eine Straße mit Pflastersteinen.

Zwei werden.

Mein Großvater stirbt. Mein Vater spricht immer gut von ihm. Sein Vater habe sich viel Zeit für ihn genommen. Er sagt, sein Vater habe ihn großgezogen. Er war Kranfahrer und meine Großmutter sehr unglücklich mit ihm. Auf ihrem Hochzeitsfoto trägt sie schwarz. »Ein Tag der Trauer«, antwortet sie, wenn man sie danach fragt. Mein Großvater hatte Bienen in einem Haus im Garten. Ich schlecke über Waben, stecke die Zunge in die kleinen Löcher. Wir nehmen Plastiktassen mit Honig nach Wien. Wir essen verklumpten Honig auf Butterbroten in der Wohnung meines Vaters. Nachdem mein Großvater gestorben ist, werden die Bienen krank und man muss sie ausrotten, damit sie die Krankheit nicht weitergeben.

Meine Eltern trennen sich voneinander.

Drei werden.

Kurz nachdem sich meine Eltern getrennt haben, fährt er nach Griechenland. Dort kauft er ein oranges Kleid. Es hat breite Träger und ist knöchellang. Er möchte es meiner Mutter schenken. Sie nimmt es nicht an. Das Kleid hängt viele Jahre in seinem Schrank. Ich finde es schön. Es ist aus einem gekräuselten, leichten Stoff, der um die Beine weht, wenn eine große Frau darin geht. Es riecht fremd.

Ich sehe meinen Vater nach der Trennung lange nicht.

Vier werden.

Er macht mit mir einen Ausflug auf den Schneeberg. Ich bin zu klein, um den Weg zu gehen, also trägt er mich die ganze Strecke auf den Schultern. Ich trage nichts als eine rote Strumpfhose und ein T-Shirt. Am Rückweg verläuft er sich. Seine Schultern sind hart und ich bin müde. Um uns herum sind seit Stunden nur noch dunkle Tannenstämme zu sehen. Er atmet schwer und spricht kaum. Ich habe Angst. Nachdem es dunkel geworden ist, findet er ein Gasthaus. Man kann dort normalerweise nicht übernachten. Der Wirt gibt uns trotzdem ein Bett, in einem kleinen Zimmer, das für Sommerpersonal gebraucht wird, aber gerade leer steht.

Überall, wo wir hingehen, nehme ich ein Wesen mit, das »Puppele« heißt. Er hat es aus einem Stofffetzen geknüpft. Im Kopf ist Getreide eingefüllt, sodass er größer ist als die Arme und Beine. Ich spreche mit dem Puppele. Es ist eine junge Frau, die sehr elegant ist. Sie ist ein bisschen eingebildet und will vor allem schön sein. Ich versuche ihr Frisuren zu machen. Das Puppele hat Haare aus gelbem Flachs. Ich weine, als es seine Haare verliert. Ohne Haare ist es ein Stück Stoff mit Knoten. Es sieht schäbig aus. Ich schäme mich für das Puppele. Ich hätte gerne eine echte Puppe mit Augen, Fingern und Lippen.

Er geht mit mir zur Friseurin. Sie setzt mich auf einen riesigen Stuhl. Er bespricht etwas mit mir. Sie fährt mit ihren Fingern durch meine Haare.
»Nicht zu kurz«, sage ich. Als sie fertig ist, ist mein Haar zu kurz, um es hinter die Ohren zu streichen. Ich bin traurig.
»Warum hast du ihre Haare schneiden lassen?«, sagt meine Mutter, als er mich zurückbringt, »ich habe ihr die Haare doch letzte Woche geschnitten.«

Wir liegen in seinem Bett. Er trägt ein weißes Baumwollunterhemd und eine weiße Unterhose. Ich schmiege mich an seine
haarigen dünnen Beine. Er singt »Heidschi bumbeidschi bum
bum«. Bevor er schlafen geht, hängt er sein Unterhemd über
den Bettpfosten, wo es bis zum Morgen auslüftet. Seine Kissen
und Decken riechen nach ihm.

Wir fahren nach Česky Krumlov, er besorgt sich ein Leihauto.
Das Auto kann sehr schnell fahren. Es hat Fenster, die sich auto-
matisch öffnen, wenn man einen Knopf nach unten drückt. Auf
der Autobahn in Tschechien machen wir Sirenengeräusche und
überholen alle Autos, auch die besseren Marken. Wir fahren
durch einen Wald. Er erklärt mir: »Das ist der Böhmerwald.«
Der Wald ist dicht. »Hier ist meine Mama geboren.« Ich denke
an meine Großmutter, die irgendwo hier aus dem Gebüsch gekommen sein soll, und kann mir nicht genau vorstellen, wie er
das meint.
Wir kommen an. Wir stehen an der Moldau, laufen durch alte
Gassen und gehen ins Egon- Schiele-Museum. Wir sehen Bilder
von schiefen Häusern am Fluss.

Er liest mir den kleinen Prinzen zum siebten Mal vor. Wenn er
liest, verstellt er die Stimme. Wenn die Blume im Buch spricht,
geht seine Stimme manchmal in ein Flüstern über, weil er den
hohen Ton nicht halten kann und seine Stimme versagt. Ich
lehne mich an seinen Bauch, der sich bewegt, wenn er spricht.
»Irgendwann bist du eingeschlafen«, sagt er am nächsten Tag.
Ich kann mich nur mehr an die ersten Sätze erinnern. Aber ich
kenne die Geschichte schon auswendig. Ich weiß, wie er klingt,
wenn er wie der betrunkene Mann oder der Prinz spricht.

In der Früh des ersten Jänners sammeln wir Sektkorken und
Raketen aus der Silvesternacht auf dem Wilhelminenberg. Er

schüttet das Schwarzpulver aus allen Raketen, die wir gefunden haben, zu einem kleinen schwarzen Berg zusammen und zündet ihn an.

Die Köpfe der Sektkorken bemalen wir rot mit weißen Tupfen. Sie sehen aus wie Fliegenpilze. Wir schenken sie allen, denen wir in den folgenden Tagen begegnen: der *Billa*-Verkäuferin, meiner Mutter, Leuten, die er flüchtig kennt. Manchmal schäme ich mich für ihn.

»Papa, bitte, gehen wir jetzt.«

Vaterorte

Ein Kissen.
Eine Kartonschachtel, in der eine Goldmünze versteckt ist.
Ein Lederranzen.
Ein Baumarkt.
Eine Sitzbadewanne mit lauwarmem Wasser.
Ein zugiges Klo am Gang.
Ein weißes Baumwollunterhemd.
Eine Gitarre.
Ein Etui mit Stemmeisen in verschiedenen Stärken.

Fünf werden.

Er kocht Kartoffelbrei. Er schüttet das gelbliche Pulver in einen Topf. »Du darfst rühren«, sagt er.

Als er schläft, klettere ich von meiner Matratze und hänge seine Wäsche auf. Er bemerkt die Wäsche in der Früh. Ich sage: »Das waren die Heinzelmännchen.«
Ich habe kein Bett bei ihm, aber eine Matratze, die er auf den Boden legt, wenn ich komme. Wenn er vor mir aufwacht, weckt er mich, indem er die Matratze zur Seite kippt. Ich falle auf den Boden. Oft wirft er dann die Matratze auf mich und drückt von oben dagegen. Er findet das lustig.

Eines Tages hat er ein Meerschweinchen.
»Das hab ich am Gang gefunden«, sagt er.
Ich laufe ins Treppenhaus und schaue, wo es aufgetaucht sein könnte. »Willst du nicht eine Nachbarin fragen, ob es vielleicht ihr gehört?«, frage ich. Er grinst. »Nein.«

Wenn wir den Bezirk verlassen, fahren wir mit dem Rad. Er hat ein Kissen am Gepäckträger befestigt. Darauf sitze ich. Wir fahren besonders schnell und machen Sirenengeräusche. Die Leute drehen sich nach uns um, wenn wir Rad fahren. Wir sind anders als die anderen Menschen auf der Straße. Ich weiß nicht genau, woran man das festmachen kann. Wir sind irgendwie bunter und lustiger, denke ich.

Ich helfe ihm auf Baustellen. Oft erledigt er kleine Arbeiten für Freunde. Als wir einen Durchbruch in eine Wand schlagen, stopfen mich die beiden Männer durch das Loch. Ich bin so klein, denke ich, aber ich bin die Erste, die den Durchgang passiert.

In der Straße, in der meine Mutter wohnt, dürfen wir nicht stehen bleiben, weil sonst ein Auto halten könnte. Meine Mama erklärt mir, dass sie Angst vor komischen Männern hat. Später verstehe ich: In unserer Straße prostituieren sich Frauen nach der Arbeit. In der Umgebung nennen das alle den »Hausfrauenstrich«. Im Nebenhaus lebt ein Junge meines Alters mit seinem Vater. Sein Vater und mein Vater sind befreundet und manchmal gehen wir zusammen in den Wienerwald. Wir tragen eine Obstkiste, die mit Würsteln und Kohle gefüllt ist. Irgendwo zwischen den Bäumen entfachen die Väter ein Feuer. Wir starren in die Flammen. Über dem Feuer ist die Luft unscharf. Ich habe das Puppele mitgenommen.

Auf der Kärntner Straße gibt es einen *Billa Corso*. Oft gehen wir in den zweiten Stock und sehen uns die Produkte in der Feinkostabteilung an. Wir schlängeln uns bei den Leuten an der Kasse vorbei. Wir kaufen nichts.

Ich stehe mit meiner Mutter in einer Menschenmenge. Ich darf ihren Schlüssel schütteln, die vielen Erwachsenen um uns herum tun das auch. Wir schreien: »Keinen Schlüssel für den Schüssel.« Ich sehe nicht viel zwischen den großen Menschen. Irgendwann winkt meine Mutter und mein Vater steht plötzlich vor uns. Wie er so neben uns auftaucht, sieht er fremd aus, als würde ich ihn nicht kennen. Er ist ein schöner Mann, denke ich. Ich weiß nicht, wie ich mich verhalten soll, zwischen meinen beiden unterschiedlichen Eltern. Ich schreie: »Wir demonstrieren, für die internationale ...«, er lacht und hebt mich auf seine Schultern. Seine Haare riechen vertraut. Ich sehe jetzt über die Menschen hinweg. Auf seinen Schultern habe ich das Gefühl, ihn zu kennen. Meine Mutter sieht auf einmal klein und schwach aus. Wir schreien: »Schüssel, Haider, schleicht's euch weider!«

Vatermund

Er hat gelbe Zähne, er zeigt sie mir lachend, mit geschwungenen Lippen.

Sechs werden.

Er schläft in Marokko in der Wüste und reitet auf einem Kamel. Als er kein Geld mehr hat, tauscht er seine benutzte Unterhose gegen ein Wollkleid mit Kordeln, an denen kleine Muscheln hängen. »Für dich«, er schenkt es mir, nachdem er zurückgekommen ist.

Ich laufe mit dem Kleid durch die Wohnung.
Ich frage ihn, warum ein Mann seine benutzte Unterhose haben wollte.
Ich stelle mir vor, wie man sich in einem Land verständigt, in dem man die Sprache nicht versteht.
Ich würde gerne wissen, wie es in Marokko aussieht, wie es in einer Wüste ist, aber er hatte keine Kamera dabei.
Ich stelle ihn mir allein in der Wüste vor. Die Wüste ist wie das Meer, nur gelb.
Er ist schön. Er hat muskulöse Arme. Seine Adern an Händen und Füßen stehen hervor.

Ein alter Mann, den er regelmäßig besucht hat, stirbt. Er kennt ihn von seiner Arbeit als Heimhelfer. Ich habe ihn nie getroffen, aber er erzählt immer wieder von ihm. Er nennt ihn den

»alten Mann«. Er hatte eine Katze, die er über alles liebte. Sie durfte von seinem Teller essen. Viel von seiner Zeit verbrachte er damit, sie zu streicheln. Nachdem er gestorben ist, brechen wir in die Wohnung des alten Mannes ein. Mein Vater hat einen Dietrich, aber die Tür ist zweifach verriegelt. Er sägt ein Loch neben der Klinke in die Tür. Die Katze sitzt schreiend unter dem Bett, sie hat seit Längerem nichts zu essen bekommen. »Die Familie würde sie sonst in ein Tierheim stecken«, sagt er. Neben der Katze in einem Weidekorb nehmen wir das gesamte Katzenfutter mit, das wir in der Wohnung finden können, und eines der Sparbücher mit einem Guthaben von 1000 Schilling. Die Katze lebt ab jetzt bei ihm. Sie faucht alle Menschen außer meinen Vater an. Mich kratzt sie einige Male, bis ich einen großen Bogen um sie mache, wenn sie mir in der Wohnung begegnet.

Meine Schulfreundin lädt mich zu ihrer Geburtstagsfeier ein, ich darf nicht zu ihr gehen. Ich würde ihr gern etwas Schönes schenken, ein Blechboot zum Beispiel, das im Wasser fahren kann. Alle Kinder sind dort. Ich sage, dass ich auch hingehen will. Er sagt: »Nein.« Es ist Wochenende und am Wochenende muss ich bei ihm sein. Ich sage also nichts mehr, trage die Einladung den ganzen Tag mit mir herum und muss mir das Weinen verbeißen.

Seine Zähne sind gelb.
Er putzt seine Zähne nicht. Immer wenn er Zeit zum Atmen hätte, raucht er. Seine Haare reichen bis zu den Schultern und sind meistens ungekämmt. Ich mache ihm Frisuren. Er hat feste, fettige Locken, die stehen bleiben, wenn man sie zu einem Berg auftürmt.

Manchmal fahren wir zu den Steinhofgründen, wo wir Drachen steigen lassen. Wir haben einen sehr großen Drachen. Nach und nach knüpfen wir immer mehr Schnüre zusammen, damit der

Drachen noch höher fliegen kann. Mein Vater kauft eine Kurbel mit einer zwanzig Meter langen Schnur aus durchsichtigem Plastik. Wir können jetzt Drachen, die sich in den Bäumen verfangen haben, retten, indem wir um ihr schlaffes Seil fliegen und sie nach oben ziehen. Wir messen mit dem feuchten Finger, woher der Wind kommt. Wir wissen, in welcher Position sich der kleine Ring, an dem die Schnur hängt, befinden muss, damit der Drachen besonders hoch fliegt. Irgendwann bauen wir eigene Drachen aus Plastiksäcken und dünnen Holzleisten.

LAURA FREUDENTHALER

Die Königin schweigt

MANCHMAL KOCHTE SIE KAFFEE und ging, während das
Wasser durch den Filter rann, zur Haustür, wie sie es früher
jeden Morgen gemacht hatte, um die Zeitung zu holen. In der
Zeitungsrolle steckten die Zeitungen von vielen Tagen, und als
Fanny sie herauszog, fiel ein kleines Tier auf die Steintreppe.
Ein Ohrenschliefer. Als das Kind klein gewesen war, hatte
Fanny wieder und wieder die Geschichte erzählen müssen, wie
einmal, damals im Dorf, ein Holzfäller zu ihr gekommen war,
weil er solche Schmerzen im Ohr gehabt hatte. Das Kind hatte
während des Erzählens die Hände in Richtung seiner Ohren gehoben und die Augen geschlossen, weil es nicht sehen wollte,
was es sich vorstellte. Es hatte sich die Ohren aber nie zugehal-
ten, sondern bis zum Schluss zugehört und einen Laut zwischen
Grauen und Entzücken ausgestoßen, wenn Fanny erzählte, wie
sie dem Holzfäller mit der Pinzette einen dicken Ohrenschliefer
aus dem Ohr gezogen hatte. Fanny wischte das Tier mit dem
Fuß vom Rand der Treppe. Als die Enkeltochter älter gewesen
war, hatte sie vorwurfsvoll gesagt, es sei gar nicht wahr, dass
Ohrenschliefer in Ohren kriechen und Fanny habe ihr Schauer-
geschichten erzählt. Fanny schaute sich im vorderen Teil ihres
Gartens um. Die Sträucher mit den kleinen Rosenblüten waren
schon lange nicht mehr da. Die Tanne stand unverändert in der
linken Ecke des Gartens und zog Krähen an, die lange unbeweg-
lich auf den breiten Ästen saßen. Manchmal ging Fanny bis zum
Gartentor und schaute auf die Straße hinaus. Wenn sie einen
Nachbarn sah, der sie bemerkte und eine Hand zum Gruß hob,
womöglich in ihre Richtung kommen wollte, ging Fanny zurück
ins Haus. Sie schenkte Kaffee in eine Tasse. Wenn die Milch

sauer war, gab sie ein wenig Wasser dazu. Sie setzte sich an den Esstisch und verrührte einige Löffel Zucker im Kaffee. Sie suchte in einer der Zeitungen das Kreuzworträtsel und nahm einen Kugelschreiber zur Hand. Die Brille lag wahrscheinlich auf dem Fensterbrett im Wohnzimmer. Sie versuchte, die Angaben zu erkennen, die sich ohnehin seit Jahrzehnten wiederholten, und trug ein paar Buchstaben in die Kästchen ein. Die Enkeltochter sagte, Fannys Buchstaben sähen aus wie Fliegenbeine. Fanny schaute zum Küchenfenster. Früher hatte sie den Briefträger daran vorbeigehen sehen, dann war sie zur Haustür gegangen, hatte die Post entgegengenommen und ein paar Worte mit ihm gewechselt. Jetzt war der Briefträger nicht mehr derselbe und kam zu unterschiedlichen Zeiten. Fanny wusste nicht mit Bestimmtheit zu sagen, wie spät es war, welche Tageszeit. Sie schaute wieder auf das Kreuzworträtsel. Ein Wort tauchte in ihrem Kopf auf und war nicht das, das sie gesucht hatte. Eine einzelne Silbe, von der Fanny nicht wusste, wohin sie gehörte. Aber wenn sie so am Küchentisch saß, mit einem Kaffee und der Zeitung, dann konnte es geschehen, dass sich der Moment wie früher anfühlte.

SIE WAR IMMER GERN MORGENS als erste auf den Beinen gewesen, während alle anderen noch schliefen. Es hatte etwas Heimliches, als einzige wach zu sein. Niemand wusste, dass man da war. Eine halbe oder ganze Stunde lang war Fanny allein gewesen, hatte Kaffee getrunken und überlegt, was an diesem Tag zu tun war, hatte dann langsam begonnen mit einzelnen Verrichtungen. An guten Tagen fühlten sich Momente wie früher an, einzelne vergangene Momente, die herüberreichten, weil sie viele Male erlebt worden waren. Oft aber konnte Fanny tagelang nicht aufstehen und auch keinen Moment vom anderen unterscheiden. Sie lag in ihrem Ehebett, das sie nie wieder, jahrzehntelang nicht, mit jemandem geteilt hatte, während vor den Fenstern die Tage vorübergingen. Im Zwetschkenbaum saßen die Vögel, flüchteten, wenn es regnete, kamen wieder, wenn die Sonne schien. Manchmal glaubte Fanny, jemanden um das Haus schleichen zu hören. Das Telefon läutete. Fanny versuchte, in ihrem Körper den Impuls zu erzeugen, der sie auf richten und aus dem Bett ziehen würde. Vergeblich. Sie hörte dem Telefon beim Läuten zu. Sie stellte sich vor, dass Hanna dem Läuten im Hörer lauschte und darauf wartete, dass Fanny sich meldete. Daran, wie viel Zeit verging, ehe das Telefon zu läuten aufhörte, las Fanny ab, wie groß die Sorgen waren, die Hanna sich machte, und wie groß die Wahrscheinlichkeit, dass sie ins Auto steigen und in drei Stunden hier durch die Haustür treten würde. Das war erst einmal passiert, aber seither hoffte Fanny jedesmal, es würde wieder geschehen. Das Läuten hörte auf. Fanny hatte es nicht geschafft, aufzustehen. Vielleicht war es auch die Enkeltochter gewesen. Die hatte sich schon lange nicht mehr gemeldet. Hin und wieder kam eine Postkarte aus dem Ausland. Fanny drehte den Kopf auf dem Polster zur Seite. Auf dem Nachtkästchen lag ein Buch mit leeren Seiten und gelb-goldenem Einband. Es erinnerte Fanny an die Enkeltoch- ter. Nur die erste Seite des Buches war nicht leer, darauf hatte die Enkeltochter geschrieben: Liebe Oma. Und darunter stand, sie schenke Fanny dieses Buch zum Aufschreiben ihrer Erin- nerungen. Die Enkeltochter hatte mit Fanny über Erinnerun- gen sprechen wollen. Nicht deine Märchen aus dem Dorf, hatte sie gesagt. Die wirkliche Vergangenheit. Fanny hatte gelächelt. Sie hatte nicht verstanden, was das Kind von ihr wollte. Sie wusste es noch immer nicht. Vielleicht hatte das Kind mittler- weile verstanden, dass man die Toten besser ruhen lässt, und war deshalb verschwunden. Für die Enkeltochter gehörte sie selbst möglicherweise auch zu den Toten. Ob sie denn keine Bilder aus ihrer Kindheit behalten habe, hatte die Enkeltochter gefragt. Bilder, hatte Fanny gefragt. Fotos, hatte die Enkeltochter gesagt. Sie war ungeduldig gewesen. Über gewisse Dinge spricht man nicht, sagte der Vater. Alles, was einmal gewesen war, befand sich nun hier in diesem Haus. Fanny hörte Geräusche aus dem Keller, als arbeite jemand an der Werkbank. Der Morgen, an dem sie den Becher mit dem Kaffee unter den Ribiseln auf der Erde stehen gelassen hatte, war ihr als Bild in Erinnerung geblieben. Der gelbe Ärmel ihrer Bluse im Ribiselstrauch, zwischen dem Grün der Blätter und dem hellen Rot der Beeren. Sie war Schulmeisterin, und niemand außer ihr im Dorf trug Blusen. Der Pfarrer bewunderte Fannys Schönheit. Sie drehte den Kopf auf die andere Seite.

IHRE HAARE WAREN WEISS und würden es bleiben. Das Zittern würde nicht mehr weggehen. Das Telefon läutete und hörte wieder auf. Fanny blickte zum Fenster, öffnete die Augen und schloss sie, wollte einmal wieder tief schlafen. Sie döste und trieb durch die Zeit, saß als kleines Mädchen auf dem Boden im Hof in der Senke. Die Sonne schien warm, und es war windstill. Der Hof war an drei Seiten abgeschlossen. Die vierte Seite nahm ein großes Tor ein, das offen stand. Es war Sommer, der Boden war fest und trocken, mit einer sandigen Schicht obenauf. Darin malte Fanny mit den Fingern Wellen. Auf der Bank an der Hauswand saß die alte Hagerin und pfiff leise beim Ausatmen. Das Pfeifen begleitete die Wellenbewegungen von Fannys Finger. Wenn das Kind aufblickte, sah es die Waden der Hagerin, die zuckten, wenn eine Fliege sich auf der Haut niederließ. Bläuliche Wellen liefen auch über die Waden. Fanny hatte hinter dem Pfeifen noch etwas gehört. Sie legte einen sandigen Finger ans Kinn und blickte sich um. Ein Vogel schrie und war dann stumm. Das Geräusch war vom Stall gekommen, Fanny horchte. Von überall legten sich mit einem Mal die Geräusche über jenes im Stall. Fanny vernahm Schläge, ein Hämmern aus der Ferne, das Brüllen eines Tieres drang schwach bis in den Hof. Aus dem Stallgebäude trat eine hohe Gestalt. Der Vater kam über den Hof in Fannys Richtung. Je näher er kam, desto größer wurde er. Er blieb bei ihr stehen. Das Kind legte den Kopf zurück und schaute zu ihm hinauf. Der Vater nickte und nannte es beim Namen: Fannerl. Der Vater streckte eine Hand aus, als wollte er nach Fannys Kopf fassen, sie spürte die Finger durch die Luft streichen. Ein loses Haar verfing sich in der rauen Hand, ein Ziehen und ein kleiner Schmerz, als es sich aus Fannys Kopfhaut löste. Der Vater nickte noch einmal und ging weiter, auf das Tor zu. Fanny wollte ihm nachgehen. Sie war gerade aufgestanden und ein paar Schritte gegangen, als sie ihn durch das Tor verschwinden sah und von hinten unter den Achseln ergriffen und hochgehoben wurde. Die alte Hagerin trug Fanny wieder an ihren Platz. Das Kind wand sich und versuchte die Hand zu beißen, die es hielt. Fanny mochte die Magd nicht, die damit beauftragt war, sie zu bewachen.

ERST SPÄTER BEGRIFF SIE, dass es im Dorf kein anderes Kind gab, auf das jemand aufpasste. Die anderen Kinder waren im Pulk unterwegs, im Wald und auf den Höfen, und suchten nur dann einen Erwachsenen, wenn eines sich verletzt hatte. Später hörte Fanny sagen, in der ganzen Gegend habe es zwei Kindermädchen gegeben, eines für die Kinder der Herrschaft und eines für das Fannerl. Der Herrschaft gehörte aller Grund und Boden und auch das Sägewerk, in dem viele Männer arbeiteten. Fanny kannte das Schloss, in dem die Herrschaft angeblich wohnte, aber sie hatte noch nie einen von ihnen gesehen, auch nicht die Kinder. Die Mutter sagte später, die alte Magd, die sie Hagerin nannten, sei für keine Arbeit mehr zu gebrauchen gewesen und habe deshalb auf Fanny aufgepasst,

während die anderen auf dem Feld waren. Manchmal war die
Zeit sehr lang, bis die Eltern und der Bruder endlich wieder-
kamen. Aber egal, wie lange Fanny gewartet hatte, bis sie im
Tor auftauchten, sie hielt die Lippen fest geschlossen, damit
die Freude nicht nach außen drang. Auch wenn es in der Kehle
schmerzte, blieb Fanny unbewegt sitzen, während die Eltern
und der Bruder näher kamen. Die Erwachsenen verschwanden
im Haus, und der Bruder ließ sich neben Fanny auf der Erde
nieder. Toni war ein paar Jahre älter als sie und konnte schon
auf dem Feld helfen. Gemeinsam zeichneten sie Figuren in den
Sand. Fanny lehnte ihren gesenkten Kopf weiter nach vorne,
und Toni beugte seinen Nacken, bis ihre Köpfe sich trafen,
Scheitel an Scheitel. Wenn sie zum Essen gerufen wurden, standen sie auf, als hätten ihre Körper während dieses Sitzens an
Gewicht gewonnen. Beim Essen war Fannys Platz neben dem
Vater. Einmal war sie auf seinen Schoß geklettert und hatte ihm
die Arme um den Hals gelegt. Sie hatte ihm etwas sagen wollen.
Der Vater hatte den Kopf nach hinten gebogen und von dort das
Kind betrachtet. Fanny hatte die Entfernung gesehen, die sich
in seinem Blick auftat, als der Vater den Kopf zurücknahm. Sie
spürte, dass ihre Hände am Vaterhals ungehörig waren. Ihre
Hände waren schmutzig und klebrig. Fanny nahm die Hände
weg und legte sie auf den Brustkorb des Vaters, um sich abzu-
stützen. Der Brustkorb des Vaters war hart. Das Kind schämte
sich. Es kletterte vom Schoß des Vaters und setzte sich neben
ihn auf die Bank.

WENN DER VATER AUS DER KÜCHE GEGANGEN WAR, verschwand Fanny unter dem Tisch und unter der Bank. Sie kroch
nach hinten in die Ecke, wo es dunkel war und eigenartig roch.
Das Kind hatte die Vorstellung, dass die Gerüche nach unten
sanken. Die Gerüche des Essens und der Menschen am Tisch,

ihr Atem, die Gerüche aus ihren Kleidern, den Röcken der Mutter und den Hemden des Vaters. Die Gerüche aus den Schüsseln, von den Händen und den Hälsen sanken nach unten und sammelten sich unter dem Tisch und unter der Bank. So wie der Staub sich in den Ecken verdichtete, so taten sich auch die Gerüche zusammen und verharrten in der Dunkelheit unten, dort, wo das Kind hockte. Fanny rückte tief in die Ecke, sie passte sich ein. Unter sich spürte sie den Holzboden, am Rücken und zu beiden Seiten die Wand. Der Druck, das harte Holz von oben gegen ihren Kopf, beruhigte Fanny. Von hier aus konnte sie den Beinen der Mutter zusehen, wie sie herumgingen und geschäftig waren. Die Beine der Mutter waren meist in Bewegung, und wenn sie an einer Stelle verharrten, konnte Fanny an ihnen ablesen, welche Tätigkeit der Oberkörper und die Hände der Mutter verrichteten. Manchmal aber geschah es, dass die Mutter auf der Bank saß und vergessen hatte, womit sie gerade beschäftigt gewesen war. Sie saß ruhig, wie träumend. Fanny unter der Eckbank wusste diesen Zustand an den Beinen der Mutter abzulesen, die sie so gut kannte, vielleicht besser als den Rest der Mutter. Die Mutterbeine sahen in diesen Momenten aus, als schliefen sie, als erholten sie sich von dem Gerenne, als lächelten und murmelten sie manchmal im Schlaf. Zärtlich wirkten die Beine der Mutter in diesen Momenten. Fanny kroch zu ihnen und legte eine Hand auf eine Wade, um sich anzukündigen, bevor sie aus ihrem Versteck vor der Mutter auftauchte. Als schliefe sie, blickte die Mutter ihre Tochter an. Sie legte die Arme um Fannys Körper und ihren Kopf an den Kopf des Kindes. Fanny spürte die Mutter atmen. Sie hielt still. Ihre Hände lagen auf den Oberschenkeln der Mutter. So musste es sein, bei der Mutter im Bett zu schlafen. Man wusste nicht, wo die eigene Körperwärme aufhörte und die der Mutter begann. Wenn Fanny im Bett lag, spürte sie immer genau die Umrisse ihres Körpers, an denen die Bettdecke festgesteckt war. Mit den

Fingern unter der Decke hervor ertastete sie den Bettrand, dort war es dunkel und kalt. Das Schlafen im Bett bei der Mutter stellte Fanny sich als eine grenzenlose Hülle aus Wärme vor. Noch immer hatte die Mutter ihren Kopf an Fannys Kopf gelegt, als schliefe sie. Die Beine erwachten vor dem Rest der Mutter. Während die Mutter noch an Fannys Hals atmete, spürten Fannys Hände, wie die Oberschenkel unruhig wurden. Unter ihren Händen, unter dem Stoff und unter der Haut spürte Fanny das Drängen der Beine, ehe die Mutter ihre Arme von Fanny löste. Im Aufstehen strich sie sich die Schürze glatt. Sie müsse sich um das Kompott kümmern, sagte die Mutter. Fanny blieb noch einen Moment lang stehen, bevor sie sich wieder unter die Eckbank zurückzog. Die Mutter ging in die Speisekammer und kam wieder in die Küche. Als sie sich bückte, um einen Topf aus der Anrichte zu holen, kam einen Moment lang ihr Gesicht in Fannys Blickfeld. Es gab eine Stimme, mit der die Mutter zu sich selbst sprach, man konnte sie hören oder auch nicht.

FANNY HORCHTE AUF DAS SUMMEN IN DER LUFT, das war das Geräusch der Sonne. In ihrem Licht sah das Kind winzige Staubwesen über den Boden tanzen, die sich in wirbelnde Derwische verwandelten, als die Mutter mitten durch sie hindurch zum Herd ging, und sich erst beruhigten, als sie dort eine Weile stehen blieb. Im Sonnenlicht, das durch das Küchenfenster schräg auf den Boden fiel, sanken die Staubwesen wie in Wasser lautlos nach unten, stiegen langsam wieder nach oben und drehten sich wie selbstvergessene Mädchen, die allein tanzten. Fanny schlief ein. Sie wachte auf, als der Bruder zu ihr unter die Bank kroch. Toni kam seine Schwester besuchen, und zur Begrüßung legte Fanny ihm eine Hand auf den Scheitel. Der Bruder kauerte sich neben sie. Während die Sonne in der Luft summte, flüsterten unter der Eckbank die beiden Kinder. Toni kämmte mit seinen Fingern das Haar der Schwester und versuchte, das Nest aus verfilzten Haaren aufzulösen, das sich an ihrem Hinterkopf immer bildete. Dann musste er gehen, weil die Mutter nach ihm rief. Als Fanny den Schritt des Vaters hörte, kroch sie eilig unter dem Tisch hervor und stellte sich neben die Mutter an den Herd. Wenn der Vater sah, dass Fanny sich unter der Eckbank aufhielt, fragte er, ob sie denn ein Hund sei. Fanny wusste, dass Hunde Flöhe hatten und nicht ins Haus durften. Wie ein Hund liegt sie da unten, sagte der Vater zur Mutter, die ihn nicht ansah. Der Vater mochte es nicht, wenn Menschen sich wie Tiere benahmen. Über eine Frau aus dem Dorf sagte er, sie schleiche herum wie eine Katze, mit ihrem schiefen Blick, und den Pfarrer aus dem Nachbarort verglich er mit den Vögeln, die die Saat vom Feld stahlen. Am schlimmsten aber war ein Mensch, der den aufrechten Gang aufgab.

ES KAM VOR, dass der Vater Fanny und Toni im Hof erwischte. Wenn sie nichts zu tun hatten und niemand in der Nähe war, legten sie sich in der Mitte des Hofes auf die warme Erde. Sie lagen auf dem Rücken, die Köpfe dicht nebeneinander, und erzählten sich Geschichten über die Zigeuner, die einmal im Jahr in die Gegend kamen. Die Mutter wartete auf die Zigeuner, damit sie die Töpfe ausklopften und die Messer schliffen. Fanny ließ den Mann, der die Töpfe und Messer bearbeitete, nicht aus den Augen. Sie stand in der Stalltür und beobachtete ihn, bis er sie bemerkte. Er hob eine Hand zum Gruß und sagte etwas, das Fanny nicht verstand. Sie ging näher zu ihm. Sie wollte hören, was er sagte, doch die Mutter rief sie weg. Fanny musste ins Haus gehen. Der Mann lachte und winkte ihr zu. Wenn sie im Hof auf dem Rücken lagen, erzählten sich Fanny und Toni alles, was sie über die Zigeuner wussten. Vor allem Toni erzählte, denn er wusste mehr als seine Schwester. Er erzählte, dass die Zigeuner kein Haus hatten und dass sie alle Musiker waren und laut sangen und dazu tanzten. Er hatte außerdem gehört, dass sie sich manchmal gegenseitig im Streit umbrachten. Wenn Fanny und Toni über diesen Geschichten ihre Wachsamkeit vergessen hatten, erschien über ihnen der Vater. Eben noch hatten sie beim Reden in einen weiten Himmel geschaut, da blickte im nächsten Moment der Vater aus der Höhe auf sie hinunter. Er sagte nichts, er betrachtete seine Kinder, die sich unter seinem Blick nicht bewegen konnten. Der Blick des Vaters war ein Gewicht, das sie auf dem Boden hielt. Fanny wusste, dass ihr Rücken und ihr Hinterkopf voller Erde waren. Der trockene Sand wurde unter dem Vaterblick zu Dreck. Der Dreck haftete an Fanny, und wenn sie davonging, würde der Vater ihre dreckige Rückseite sehen. Fanny und Toni standen auf, ohne dass ihre Körper sich berührten, und ohne einander anzusehen, entfernten sie sich in verschiedene Richtungen. Fanny suchte nach einem Eck, in das sie sich setzen und wo sie ihren Kopf gegen ein hartes Stück Holz pressen konnte.

ELIAS HIRSCHL

Hundert schwarze Nähmaschinen

1

Das Selbstmordzimmer ist frisch gestrichen. Die Farbe ist noch
nicht einmal richtig getrocknet, da hat man schon wieder Bilder-
rahmen mit Motivationssprüchen an die Wände gehängt. Ein bunt
bemalter Lampion versucht das fahle Licht der von der Decke
baumelnden Energiesparlampe zu kaschieren, die kalt auf
den darunter liegenden roten Teppich strahlt. Eine Tür führt
in das kleine, private Bad mit Badewanne und Waschbecken.
Eine zweite führt auf den Gang hinaus. Nur diese lässt sich zusperren. Rechts neben der Tür zum Bad steht ein Bett an der
Wand, das Kopfende knapp unterhalb eines Lichtschalters. Es
besteht aus einer Matratze, zwei Polstern und einer Decke mit
Straßenverkehrsmuster, all das auf einem Holzgestell von *IKEA*.
Kopflehne hat es keine. Unter dem Bett ist ein wenig Platz, um
das Nötigste zu verstauen. Hebt man, im Bett liegend, die linke
Hand, kann man das kleine Fenster an der Ostseite des Zimmers
erreichen, durch das Sonnenlicht hereinfällt, das sich in den
Fenstern des Hauses jenseits der Straße spiegelt. In der Mitte des
Raums steht ein Mann und atmet nicht. Allein sein Herzschlag
unterscheidet ihn vom Mobiliar.

Lässt man sich im richtigen Winkel rückwärts aus dem trü-
ben Fenster fallen, kann man die alte, verdreckte Fassade des
Hauses betrachten. Sie ist in einem grellen Gelbton gehalten,
der sich mit keiner anderen Farbe der Welt verträgt.

Bricht man den Sturz schließlich im letzten Moment vor dem
Aufprall ab, um mit den Füßen sachte auf dem Boden aufzu-
treten, und öffnet mit einem Quietschen die rechte Hälfte der
grauen Flügeltür, die den Eingang zum Haus markiert, so ist

das Erste, was man wahrnimmt, der Geruch. Es ist ein Aroma, das man nie wieder aus seinem System herausbekommt. Weder aus der Kleidung und den Haaren noch aus dem Gedächtnis. Es bleibt sofort überall haften. Als Erstes erreicht einen die Kopfnote. Ein intensiver Schwall aus Handdesinfektionsmittel, Zigarettenrauch, Fischstäbchen und Urin schlägt einem im Hausflur entgegen, zunächst nur als diffuse Wolke, wie eine warnende Bahnhofsdurchsage in fremder Sprache. Nur wenig später wird sie von der Herznote abgelöst, dem satten, deftigen Geruch nach Kot, Erbrochenem, altem entkoffeiniertem Kaffee und verbrauchter Atemluft, der einen beim Öffnen der Sicherheitstür zur zweistöckigen Wohnung erreicht. Seine Konsistenz ist fast greifbar. Der Geruch legt sich einem schwer auf die Zunge, sodass man seine Einzelteile auch ohne Vorwissen oder Übung spielend identifizieren kann, ehe man Stunden oder Tage später, lange nach Verlassen des Hauses, erst die schwere Basisnote in der eigenen Kleidung wahrnimmt, alles was sich über die Jahre in die Wände, Möbel und Stoffe der Wohngemeinschaft hineingefressen hat: das Desinfektionswaschmittel der Klienten, der alte verdunstete Schweiß in der Decke, die Essensreste, die seit Monaten auf dem Boden der Küchenmülleimer kleben und die rostige Fährte nach altem, eingetrocknetem Blut auf dem Sofa im Wohnzimmer und dem Parkettboden im Flur, die beinahe nicht mehr auszumachen ist, sich aber gerade deshalb besonders hartnäckig an den Rändern der Wahrnehmung hält. Das ganze Haus trägt Tag und Nacht die Schwingungen einer olfaktorischen Kakofonie in sich, die einem auf ewig als geruchlicher Tinnitus im Kopf bleiben. Ein Zwölftonparfüm, dessen Komponenten durch das ganze Haus wehen, die Treppen hinaufgetragen werden und durch die Schlüssellöcher in alle Zimmer eindringen, bis hinein in die Lungen des Mannes, der schweigend und ohne zu atmen in der Mitte des Raums steht. Und die Luft, auf der sie treiben, hat dazu ihre eigene stille Meinung.

2

Es ist 08:00 Uhr morgens, Montag, 1. Oktober, im Weltuntergangsjahr 2012, und ich sitze in einem Büro, mir gegenüber meine zukünftige Chefin.

Sie hat einen grauen Haaransatz, ein eingefallenes, knöchernes Gesicht, den Namen Astrid und einen Tonfall, der mir sagt, dass sie bereits jetzt genug von mir hat. Meine Freundin hat mir gesagt, ich soll mich in der Arbeit von niemandem ärgern lassen. Sie sagt mir andauernd, dass ich mich nicht ärgern lassen soll.

Ich sitze auf dem weiß gepolsterten Aluminiumstuhl, den mir Astrid nicht angeboten hat, und streiche mir mit der rechten Hand meine schon wieder etwas zu langen Haare hinters Ohr. Ich bin seit dreieinhalb Monaten achtzehn und auf den Tag genau so lange im Besitz meines Maturazeugnisses. Ich leide an den nachklingenden Symptomen einer Nebenhöhlenentzündung, die in spätestens drei Wochen wiederkommen wird. Ich habe es geschafft, mich im Sommer dreimal zu erkälten. Das muss etwas Psychosomatisches sein.

Vom vielen Schnäuzen ist mein linkes Ohr noch taub, weshalb ich den Worten meiner zukünftigen Chefin mit leicht gedrehtem Kopf zuhöre. Aber auch ohne das taube Ohr könnte ich ihr nicht wirklich folgen, weil der Gedankenstrom in meinem Kopf nicht abreißen will. Meine Gedanken springen ständig von einem Thema zum nächsten, das hat mich die letzten Nächte wach gehalten. Fragen stapeln sich in meinem Kopf wie auszufüllende Formulare. Und das Schlimmste ist, dass sie nicht einmal wichtig sind.

Habe ich mir heute Morgen die Zähne geputzt?

»Hören Sie mir eigentlich zu?«

Auch Astrids Gesichtsausdruck gibt mir zu verstehen, dass sie schon vor zehn Minuten genug von mir hatte.

»Einer Ihrer Klienten hat Hepatitis B, und ich muss von Ihnen wissen, ob Sie mit diesem Risiko arbeiten können.«

Sie fragt mich ernsthaft *jetzt*, fünfzehn Minuten vor Arbeitsbeginn, ob ich einen kostenlosen Impfstoff beantragen möchte. Ich frage, wann der wirksam sein würde und sie sagt: »So richtig erst nach der letzten Teilimpfung in ein paar Monaten.«

Als ob ich mich in dem Zustand impfen lassen würde. Nicht dass ich was gegen Impfungen habe, aber ich habe einfach keine Lust, mich halb krank einer Impfreaktion mit akuten Hepatitissymptomen auszusetzen. Da ziehe ich lieber drei Schichten Gummihandschuhe zusätzlich an, wenn ich den alten Mann waschen soll.

Sie fragt mich erneut, ob ich mit Herrn Schmidt, dem Hepatitis-Patienten, den sie als *Risiko* bezeichnet, arbeiten will oder nicht.

Als ob ich jetzt noch Nein sagen und mir eine andere Stelle suchen würde.

»Sie sind wirklich erst achtzehn?«

Wie alt soll ich denn sonst sein? Wenn sich alle darüber wundern, wie jung ich bin, dann sollten sie die Stelle besser nicht für Zivildiener ausschreiben.

Meine Fingernägel sind zu lang. Ich hätte sie mir heute Morgen schneiden sollen. Meine Haarsträhne will nicht halten und rutscht immer wieder hinter meinem Ohr hervor. Ich schiebe sie immer wieder zurück.

Habe ich wirklich vergessen, mir die Zähne zu putzen? Ich will mir mit meiner rechten Hand die Haare hinters Ohr streichen, aber die Haare sind bereits hinter meinem Ohr. Mein Bauch tut weh. Die Magenschleimhautentzündung kommt auch wieder, ich kann das spüren. Das muss etwas Psychosomatisches sein. Ich wünschte, ich wäre nach Berlin ausgewandert, wie mein Cousin. Auswandern und erst mit fünfunddreißig wiederkommen, wenn die Wehrpflicht nicht mehr greift. Aber dazu müsste ich erst einmal mit meiner Freundin Schluss machen. Nicht dass ich glaube, dass Männer ein schwierigeres Leben haben, ganz und gar nicht. Aber die Tatsache, dass ich einen Penis habe, reicht nicht unbedingt aus, um mich darüber zu freuen, ein Dreivierteljahr lang Zwangsarbeit leisten zu müssen.

Man hält mir Formulare hin und fragt mich entnervt, ob ich alles verstanden habe. Offenbar fragt man mich das bereits zum zweiten Mal, aber ich habe es nicht gehört.

»Warum haben Sie sich eigentlich für diese Stelle entschieden?«

Für die psychisch Kranken? *Für BLuhM – Verein für Betreutes Leben und ein harmonisches Miteinander?* Die Wahrheit ist, dass ich alle meine Lebensentscheidungen in der Hoffnung treffe, möglichst niemanden damit zu verärgern. »Lass dich nicht ärgern!« Als ob ich jetzt noch einen sympathischen Eindruck hinterlassen wollte. Die ganze Zeit habe ich kein böses Wort gesagt.

Meine Haare rutschen nach vorne, als ich unterschreibe.

3

Der Weg zur Wohngemeinschaft liegt in der exakt entgegengesetzten Richtung zu seinem ehemaligen Schulweg. Der Zivi fährt immer noch jeden Morgen mit demselben Bus dieselbe Straße entlang, nur die Richtung hat sich geändert.

Da er die Schlüssel zur WG noch nicht hat, läutet der Zivi an der Gegensprechanlage und wartet vor der Tür darauf, dass ihn jemand hineinlässt. Das Haus hat eine dreckige, pissgelbe Fassade, kleine Teile des Verputzes sind bereits heruntergebrochen oder im Begriff, es in näherer Zukunft zu tun. Heute bekommt er nur seine Einführung und darf danach wieder nach Hause gehen. Die WG liegt noch nicht ganz am Arsch der Welt, aber schon eher im schäbigeren Teil der Stadt. Wobei die WG selbst vermutlich auch nicht zum Anstieg der Immobilienpreise beiträgt.

Mit seinem linken Ohr nimmt der Zivi hinter sich etwas wahr. Er dreht sich um und sieht, wie eine ältere Frau in der Garageneinfahrt auf der anderen Straßenseite im schlimmsten Altwiener Hausfrauenjargon die Wand anschreit. Sie trägt einen ausgewaschenen grauen Pullover und trotz der Kälte untenrum nicht mehr als eine vor Schmutz starrende, zerrissene Jogginghose, deren Gummibund so ausgeleiert ist, dass sie ihr bereits in den Kniekehlen hängt und den Blick auf ihren Hintern freigibt. Als sie den Zivi bemerkt, schreit sie ihn ebenfalls an. Der Zivi versucht seinen Blick von ihrem drahtigen Schamhaar abzuwenden und betet inständig darum, dass diese Verrückte nicht zur Wohngemeinschaft gehören möge.

In diesem Moment geht hinter dem Zivi die Tür auf, und ein Mann, etwa Ende dreißig, mit feuerrot gefärbten Haaren und Vollbart, steht vor ihm.

»Du bist also der neue Zivi«, sagt er, und der Zivi streicht sich nervös seine Haare hinter das rechte Ohr. »Ich bin der Berni.« Berni wirft einen kurzen Blick über die Schulter des Zivis und sagt: »Ah, wie ich sehe, hast du die Frau Glettler schon kennengelernt.«

4

»So«, sagt Berni: »Erstens sind das hier keine Patienten, sondern Klienten, ja? Denn wir sind ja auch keine Ärzte, sondern Betreuer. Deshalb verschreiben wir auch keine Medikamente, sondern händigen sie nur aus. Wir können die Klienten auch nicht dazu zwingen, die Medikamente zu nehmen. Wenn's gar nicht geht, dann müssen wir halt mit der Psychiatrie telefonieren. Und wenn dir ein Betreuer aufträgt, den Klienten Medikamente zu geben, dann liegt die ganze Verantwortung beim Betreuer, ja? Okay. Zweitens sprechen wir die Klienten hier generell eher nur mit dem Nachnamen an. Herr Soundso, Frau Soundso. Ob du mit jemandem per Du sein möchtest, kannst du natürlich selbst entscheiden, aber ich würde dir empfehlen, da eher auf Abstand zu gehen. Um Arbeit und Privates nicht zu vermischen, empfehle ich dir außerdem, den Klienten deine Adresse nicht zu verraten – haha, Scherz. Nein, ernsthaft: Erzähl ihnen am besten überhaupt nichts über dich, sonst verwenden sie das alles gegen dich. Die wirken zwar alle verwirrt, aber blöd sind die nicht, merk dir das. Drittens: Lass dich nicht ärgern! Egal, was sie machen, lass dich von ihnen nicht provozieren, ja? Merk dir das! Das sind kleine Kinder. Kleine, intelligente, ausgewachsene, unberechenbare Kinder! Mit denen kann man nicht diskutieren. Und wenn du wütend wirst, werden die nur noch wütender. Es ist deine Aufgabe, ruhig und verantwortungsvoll zu bleiben. Und glaub mir, das ist wirklich nicht leicht, wirst schon sehen. Es ist wie ein Marathonlauf: Am Anfang halt man locker durch, aber dann geht einem langsam die Luft aus, und die letzten paar Meter kriechst du dann nur noch auf dem Zahnfleisch. Aber du hast Glück. Du bist nach neun Monaten fertig und kannst vor allem jeden Abend wieder zurück nach Hause gehen. Die Klienten *wohnen* hier! Die sind rund um die Uhr hier! Die können nicht einfach nach Hause gehen, wenn es Abend wird, weil sie hier *leben*. Merk dir das, das ist der größte Unterschied zwischen dir und ihnen. Nichtsdestotrotz: Nur weil du hier arbeitest, heißt das nicht, dass du nicht auch den ganzen Tag in einer psychiatrischen Einrichtung verbringst. Da kann man noch so oft behaupten, dass psychische Krankheiten nicht ansteckend sind – es stimmt einfach nicht.

Also, zu deinen Aufgaben: Die WG erstreckt sich über zwei Stockwerke. Hier leben acht Leute, die mehr oder weniger intensiv betreut werden müssen. Außerdem gibt's dann noch die zwei Besucher, die nicht fix hier leben: den Herrn Haas und die herzallerliebste Frau Glettler, die du ja bereits kennengelernt hast. Die haben beide zwar ihre eigene Wohnung, sind aber auch nicht wirklich in der Lage, alleine zurechtzukommen. Deshalb sind sie fast den ganzen Tag bei uns, liegen im Wohnzimmer auf dem Sofa und gehen dann am Abend zum Schlafen nach Hause.

Am Tag sind immer zwei Betreuer da und in der Nacht einer. Nachtdienst hast du sowieso keinen, dazu dürfen wir keine Zivis einteilen. Außerdem gibt es noch die Sophie, die für ihre Psychotherapieausbildung gerade ein Praktikum bei uns macht. Die ist noch bis Februar da.

Die meisten hier sind psychisch krank, aber Herr Klimek, Herr Schmidt und Frau Brandner sind außerdem noch von Geburt an geistig behindert. Herr Klimek sitzt im Grunde den ganzen Tag in seinem Zimmer auf dem Bett oder in seinem Rollstuhl und raucht. Er kann zwar laufen, aber seine Motorik ist sehr eingeschränkt. Richtig sprechen kann er auch nicht. Er kriegt zwar fast alles mit, was man zu ihm sagt, aber es ist schwer, ihn akustisch zu verstehen. Außerdem kann er leicht wütend werden. Zum Beispiel darüber, dass ihn niemand versteht, dann sollte man eher auf Abstand gehen. Und unterschätze bloß nie die Muskelkraft eines Rollstuhlfahrers! Herr Schmidt ist im Gegensatz dazu quasi die einzige Person in dieser WG, die quasi nie Ärger macht. Er ist letzte Woche fünfundsiebzig geworden und sitzt den ganzen Tag grinsend und lachend im Wohnzimmer. Du wirst mit ihm spazieren gehen und ihm jeden Morgen helfen, seinen Stützstrumpf anzuziehen. Am linken Fuß! Auch wenn er dir immer den rechten hinhalten wird, lass dich nicht verarschen: Es ist der linke! Definitiv! Du wirst dich sicher gut mit ihm verstehen. Er grabscht hin und wieder Leuten an den Arsch, aber er meint's nicht böse. Deshalb kommt alle zwei Monate auch eine Sexualtherapeutin. Das einzige Gefährliche an ihm ist seine Hepatitis, aber er ist nicht sonderlich ansteckend. Da müsstest du schon mit seinem Blut oder Sperma in Berührung kommen, und dass es dazu kommt, wollen wir ja wirklich nicht hoffen.

Vor der Frau Brandner wiederum musst du dich ein bisschen mehr in Acht nehmen. Die hat zusätzlich zu ihrer geistigen Behinderung auch noch alle möglichen Arten von Neurosen und Psychosen. Die Psychiater sind sich bis heute nicht darüber einig, was sie wirklich alles hat. Aber zu ihr kommen wir dann noch später.

Herr Schmidt und Herr Klimek wohnen hier im ersten Stock. Da hinten. Die Brandner oben. Im ersten Stock wohnt außerdem noch die Frau Roth. Die Frau Roth hat das Korsakow-Syndrom, was zwar cool klingt, aber im Grunde nur eine spezielle Form von früher Demenz ist, weil sie nach ihrer zweiten Fehlgeburt zu viel gesoffen hat. Sie wird sich deinen Namen wahrscheinlich nicht merken können und du wirst sie öfter mal zu ihrer betreuten Arbeit im Bastelwarengeschäft bringen müssen, weil sie dauernd den Weg vergisst und in der U-Bahn verloren geht. Außerdem sprichst du sie am besten nie auf ihren Sohn an. Und lass dir von ihr bloß nicht einreden, sie habe noch kein Mittagessen gehabt. Sie hat Diabetes und starkes Übergewicht und ist deswegen von ihren Ärzten auf Diät gesetzt worden. Ihr Essen kriegt sie von einem mobilen Lieferservice, der alle zwei Wochen die Mittag- und Abendessen als tiefgekühlte, fertige Portionen liefert. Aber das ist ihr immer viel zu wenig, deswegen versucht sie vor allem die neuen Zivis immer reinzulegen, damit sie mehr zu essen kriegt. Die Frau ist zwar hochgradig geistig verwirrt, aber wenn's ums Essen geht, wird sie zum Einstein. Ihr Zimmer ist da drüben, gleich neben dem vom Herrn Schmidt. Manchmal schleicht sie sich auch in der Nacht zu ihm rüber und klaut ihm Schokolade, was du bitte im Rahmen deiner Möglichkeiten unterbinden solltest. Auch die Frau Glettler sprichst du übrigens besser nicht auf ihre Kinder an. Die hatte nach ihrer zweiten Schwangerschaft eine Wochenbettpsychose, was wie eine Wochenbettdepression ist, nur dass man dabei wirklich komplett durchdreht.

Okay, hier ist die Waschkammer. Da ist die Waschmaschine, da ist der Trockner. Weißt du, wie man Wäsche wäscht? Gut. Also, die Wäsche muss hier generell immer bei sechzig Grad gewaschen werden, und bei Herrn Klimek, Herrn Schmidt und der Frau Brandner tust du am besten immer einen oder zwei Becher Desinfektionswaschmittel dazu. Sonst auch, wenn du siehst, dass irgendwas arg verdreckt ist. Apropos, da an der Wand ist schon einer: Diese Handdesinfektionsmittelspender hängen überall in der WG. Eigentlich kann man die gar nicht oft genug verwenden. Desinfizier dir die Hände auf jeden Fall immer nach dem Wäschewaschen und vor dem Kochen. Gummi-Handschuhe gibt's selbstverständlich auch, hier in dem Kasten, aber ehrlich gesagt sind die nicht hundertprozentig dicht. Bei Operationen könnte man die zum Beispiel nicht verwenden. Deshalb: immer desinfizieren! Und sperr die Waschkammer unbedingt immer sofort ab, wenn du sie verlässt! Immer! Sofort! Glaub mir, das kann ich dir gar nicht oft genug sagen. Daneben ist das Badezimmer für die Klienten und noch einmal eine Tür weiter ist das Badezimmer für die Betreuer. Das Klienten-Badezimmer ist eigentlich nur für unsere schwereren Fälle gedacht, also für'n Herrn Klimek, Herrn Schmidt und die Frau Brandner – alle, die sich nicht selbstständig waschen können. Die anderen haben entweder eigene Duschen und Waschbecken in ihren Zimmern oder teilen sich zu zweit ein Bad. Und selbstverständlich gilt auch für das Betreuer-Badezimmer: immer zusperren!

MARIO HLADICZ

Gedichte zwischen Uhr und Bett

I

Aus einem Tagebuch

Heute ein Tag, an dem sich
kaum etwas verleugnen ließ.
Die Umgebung leuchtete in den Farben,
die ihr zugeteilt worden waren.
Vormittags warf ein Nachbar
Erinnerungen weg in rauen Mengen.
Bald darauf kam die Post
nur aus Routine.
Die Wäsche im Hof flatterte
beinah so wie früher.
Über den Tag verstreut ein paar
zu spät gekommene Schneeflocken,
die konnte ich gut verstehen.
Der Nachmittag zäh, als sei man
in Kaugummi getreten.
Langes Betrachten eines halbvollen
Sacks Streugut vorm Haus.
Den Rest des Tages packte ich ein
und legte ich beiseite
für schwerere Zeiten.

Heimkehr

Ich kehrte heim ins falsche
Haus. Kein Kummer, der mir
den Mantel abnahm, kein Schmerz,
der mir Hauspatschen anbot.
Der Tisch war reich gedeckt,
warmes Lächeln von überallher.
Alte und Junge waren vereint,
gesprochen wurde in gemessenem Ton.
Fehler wurden anstandslos verziehen.
Ich glaube, sogar als ich mich fortschlich
bei Anbruch der Nacht, hatte man
Verständnis.

Gepäck

Er hatte alles dabei:
genügend Sand für die Augen,
die kaputte Uhr und den Rum
für den Mut. In der Brusttasche
das Schreiben von vor zwei Wochen.
Natürlich auch das Foto, das einzige.
Den löchrigen Hut und den Koffer,
gefüllt mit Blättern vom Herbst.
In der Jacke schließlich den Stein,
den er benutzen würde,
wenn es so weit war.

Auslassungszeichen

Der Nachmittag trug dir nichts
zu. Du hattest die Zeichen falsch
gedeutet. Der belanglose Brief am Morgen,
dem du einen Sinn untergeschoben hast;
die heiße Suppe zu Mittag und
die verbrannte Zunge danach.

Du hättest durchaus begreifen können,
spätestens beim Anblick der Krähe
am Nachbarsdach, die anhob
wie zu einer bedeutsamen Geste,
dann aber nur drei weiße Punkte
in die Landschaft setzte.

Verlierer des Sommers

Die Stimmen kamen vom nahen
Gastgarten. Unter Sonnenschirmen
geschützte Litaneien über Stillstand
und Vergehen. Im Stiegenhaus
spielte die Katze ihr Spiel mit
einer Echse aus grauer Vorzeit.
Wir verloren damals massenhaft
Wimpern und kamen mit dem
Wünschen gar nicht mehr nach.

Alltag

Es war damals so etwas wie Alltag,
dass wir verstohlene Blicke warfen
in die glänzende Leere unseres Postkastens;
dass das Haus ächzte, vor allem nachts,
weil der Stumpfsinn auf dem Dach tanzte,
um wen auch immer zu beeindrucken;
dass wir ständig durch Mückenschwärme gingen,
die ein Gewitter ankündigten, das nie kam;
dass wir Bücher zuklappten, Türen schlossen,
das Licht immer früher löschten
und das alles mitunter sehr unerbittlich klang;
dass uns der Anblick halbverfallener Schuppen
in den Nachbarsgärten seltsam tröstete
und wir nicht wussten, ob wir die vergessenen Gestalten,
die daraus hervortraten, grüßen sollten oder nicht.

Einmaleins

Wie ungestüm saßen wir
vor unseren Heften.
Draußen der Sommer hielt
seine Versprechen nicht ein.

Wir notierten Zahlen, die
Wahrscheinlichkeiten fortschreiben
sollten und nahmen noch immer
die Finger zu Hilfe für das

Einmaleins des Verlusts. Falsche
Ergebnisse wurden unterstrichen.
Weiße, sehr dünne Beine
baumelten unter dem Tisch.

Szene auf engem Raum

Schwester
saß auf der Waschmaschine
in Ermangelung von Sesseln;
beobachtete von dort aus,
wie die Enge stetig zunahm.

Mutter
war beschäftigt mit dem Haushalt
in den kleinen Zimmern;
kehrte die Scherben zusammen und
stieß dabei stets erneut etwas um.

Vater
war genügsam; er nahm Vorlieb
mit dem Schweigen.
Für die großen Worte der Reue
reichte der Platz einfach nicht aus.

Naturgedicht

Der Wald kam
herein;

inmitten dichten
Blattwerks

fanden wir uns
neu.

Keine Spur

Da sei nichts Besorgniserregendes
an diesem Spalt, versicherte uns
ein Fachmann mit ernstem Blick.

Tatsächlich stürzte das Haus erst
knapp einhundertsiebenundzwanzig
Jahre später ein, da gab es von uns

schon keinerlei Spur mehr.

SOPHIE REYER

Schildkrötentage

TEIL 1

1. Die Falte

Das erste Mal fällt es mir auf, als ich dusche: Eine Falte hat sich in meinem Gesicht gebildet. Hart verläuft sie meinen linken Mundwinkel hinab. Ich fixiere mein eigenes Spiegelbild, versuche zu lächeln, spitze die Lippen. Die Falte aber verschwindet nicht. Es fühlt sich an, als hätte
sie jemand in mich hinein gemeißelt, wie in eine Skulptur, einfach so über Nacht.

Seltsam, denke ich, dass ich mein Gesicht auf einmal nicht wiedererkenne.

»Das ist eine eigentümliche Anomalie«, erkläre ich der Hausärztin, als ich am nächsten Tag in ihrer Praxis sitze. Ich versuche es so zu formulieren, weil ich nicht zugeben möchte, dass ich Probleme mit dem Alterungsprozess habe. Sie aber hat mich durchschaut und blitzt mich aus großen grünen Augen an.

»Sie werden alt«, erklärt sie, nicht ohne Genugtuung.

Ich nicke und blicke sie an, während ich merke, wie mir die Zunge schwer im Mund wird.

»Verstehe. Und was schlagen Sie vor?«

»Nun, das ist der natürliche Prozess, der sich fortsetzen wird bis zur Verwesung«, bekomme ich zur Antwort.

Die Frau kann einem Mut machen.

»Aha«, sage ich laut.

»Immerhin leiden Sie an keinem Gendefekt«, versucht sie mich aufzumuntern.

»Aber ich schmiere mir doch jeden Tag eine Creme ins Gesicht!«, bemühe ich mich, meine Haut zu verteidigen, »außerdem gehe ich doch erst auf die vierzig zu!«

Die Ärztin nickt und wirkt nicht im Mindesten betreten.

»Also, was schlagen Sie vor?«

Erwartungsvoll sehe ich sie an und fixiere ihren Lidschlag.

Sie tippt mit ihrer linken Hand, deren Nägel grellgelb lackiert sind, auf ihren Rechner, der auf ihrem Schreibtisch steht und gibt etwas ein.

»Nun, da gibt es unterschiedliche Möglichkeiten.«

Ich nicke. Die Frau macht es spannend.

»Ich gebe Ihnen«, fährt sie fort, während sie nach einem Zettel greift, »die Nummer von einem befreundeten Chirurgen.«

Mit Grauen muss ich an die verzerrten Schlitzaugen gelifteter Schauspielerinnen aus den Achtzigern denken und winke ab.

»Nein, nein. Es geht wirklich nur um diese eine Falte. Wissen Sie. Keine große Sache.«

Die Ärztin seufzt.

»Ich verstehe Sie, das haben wir doch alle durch«, meint sie, ohne mich anzusehen.

»In dem Fall wäre vielleicht auch eine Psychotherapie nicht schlecht? Sie wissen schon, man kann innen oder außen arbeiten.«

Das war ein Schlag ins Gesicht.

»Verstehe. Vielen Dank«, sage ich, obwohl ich in keinster Weise befriedigt bin.

»Sehen Sie, auch die Haut ist nur eine organische Einheit«, klopft die Ärztin mir aufmunternd auf die Schultern, während sie mich zur Türe geleitet.

Organische Einheit, denke ich, als ich nach Hause gehe. Das klingt im Grunde ganz gut. Dennoch empfinde ich eine gewisse Fremdheit meiner Haut und besonders der Falte gegenüber. Vor allem, weil die Frauen um mich herum immer jünger aussehen. Vor zwei Jahren hat die Firma SkinInc eine neue Creme auf den Markt gebracht, die angeblich Abnützungserscheinungen und Faltenbildung im Gesicht stoppt und für eine glatte, geschmeidige Haut garantiert und ich wende sie regelmäßig an. Sie sollte doch helfen, oder? Ob ich alt werde? Ob es wohl bergab mit mir geht? Habe ich mit diesem Zug der Verbitterung im Gesicht überhaupt noch eine Chance auf eine Karriere, denke ich. Ich seufze. Im Badezimmer zupfe und zerre ich an meinen Lippen. Dann stelle ich mir vor, dass ich die Züge in meinem Gesicht neu male, mir meinen alten Mund mit den Fingerkuppen zurück male. Doch es funktioniert nicht so ganz. Eigentlich fand ich den ganzen Jugendwahn immer anstrengend, aber nun merke ich, dass ich alt werde und würde doch gerne jung bleiben.

Ich verlasse das Bad und habe Lust, mich zu verkriechen. Eine Schildkröte zu sein wäre wunderbar, überlege ich. Auch sie hat einen gerillten Körper und einen überaus faltigen Hals, der an eine Ziehharmonika erinnert. Aber wenn sie sich irgendwo nicht wohlfühlt, zieht sie einfach den Kopf ein. Dann kann niemand sie sehen.

Schildkröten, denke ich, und auf einmal fällt es mir wieder ein: Meine Großmutter hatte eine Schildkröte. Sie hieß Pipimaus. Ich erinnere mich: Sie war so groß wie ich damals. Ich konnte nur kriechen. Sie konnte nur kriechen. Ich hielt sie in die Höhe, selbst auf dem Rücken liegend. Sie streckte den Kopf nach mir aus. Dann zog sie alle Glieder ein. Ihr Blick war tief und stumm. Kaum war ich vier geworden, lief sie fort. Danach bin ich nie wieder jemandem begegnet, der so ein tiefes stummes Zwiegespräch führen konnte.

Als ich am nächsten Morgen aufwache, merkte ich, dass ich Mühe habe, mich vom Rücken auf den Bauch zu drehen. Ich versuche, aufzustehen. Rolle, wackle. Strauchle. Hantle mich schließlich mit den Fingern nach vorne bis zu meinem Sessel, an dem ich mich in die Höhe ziehe. Meine Wirbelsäule fühlt sich steif an, als wäre sie taub. Kaum habe ich den Spiegel im Badezimmer aufgeklappt, wird mir auch schon wieder komisch zu Mute. Diese Falte, links, sie irritiert mich, ich kann das Bild, das ich von mir habe, nicht mehr korrigieren.

Ein Panzer, denke ich. Ein Panzer wäre nicht schlecht.

Bei dem Wort kommen alte Erinnerungen hoch:

»Ich will eine Schildkröte haben, Mama«, beharrte ich, als ich acht Jahre alt war.

»Da hast du eine, mit der geh ins Bad.«

Mein Vater hielt mir damals eine grellgrüne Plastikminiatur vor die Nase, die nach Gummi stank und die man mit Batterien füttern konnte, sodass sie sich bewegte. In diesen Zeiten waren die Imitationen im Gegensatz zu den Roboter- Spielzeugtieren von heute, die dem Original schon recht nahe kommen, billiger Fake gewesen. Und ich war nicht dumm.

»Aber eine echte«, schrie ich also.

»Die macht mir alles an!«, sagte meine Mutter.

»So spricht man nicht«, sagte mein Vater.

Ich begann zu brüllen.

»Schildkröten werden ganz entsetzlich gequält, über die Grenze geschmuggelt, damit sie hier gekauft werden«, erklärte meine Mutter ein wenig sanfter und schob mir eine Tasse Kakao unter die Nase.

»Ich will eine Schildkröte haben«, schrie ich.

Schließlich wurde ich heiser, ging mit verheulten Augen ins Bad und spielte mit meiner Gummischildkröte, die mir überaus lächerlich vorkam. Sie war giftgrün, knallig, fluoreszierend. Ihr Aussehen erinnerte auf unangenehme Art und Weise an einen aufgeblähten Luftballon. Sie konnte Wasser schlucken und wieder ausspeien, das war das einzige Spannende an ihr.

»Und, geht es dir besser?«, fragte mein Vater.

Ich spritzte ihm ins Auge. Er stieß einen gellenden Schrei aus, der einen erstaunten Unterton hatte. Meine Mutter kam wieder herein. Sie war wütend. Sie schrie.

»Weißt du, was mit Schildkröten gemacht wird? Sie werden über die Grenze geschmuggelt.«

»Das hast du schon gesagt.«

»Dabei werden ihnen die Beine abgeschnitten, amputiert und später wieder angenäht. Willst du das? Willst du Schuld daran sein, dass eine Schildkröte wegen dir verstümmelt wird?«

Ich betrachtete meine Füße. Das Wasser schwappte aus der Wanne. Mir war ganz komisch. Ich spürte auf einmal, dass ich eine Zunge im Mund hatte. Ein bedrängendes Gefühl. Der Atem wollte nicht mehr so ganz aus mir herauskommen, und die Worte auch nicht.

Erst Jahre später fand ich heraus, dass meine Mutter mich belogen hatte.

Seltsam, denke ich, während ich so vor mich hin träume. Wie viel wir Menschen doch erleben, und an wie wenig wir uns erinnern, wenn wir nicht in Situationen kommen, die alte Bilder in uns wach rufen. Was soll ich machen? Ich beschließe, fürs Erste einmal fernzusehen.

Das hilft meistens. Irgendwann habe ich einmal irgendwo gelesen, dass der Mensch in keiner anderen Situation weniger denkt, als wenn er fernsieht. Das kann ich mir gut vorstellen. Im Übrigen denken die Leute, die unsere Fernsehprogramme gestalten, wahrscheinlich auch nicht mehr, als wir alle, wenn wir fernsehen. Das ist beruhigend.

Ich stiere in das Flackern des Bildschirms, dessen Szenenwechsel mir ein seltsames Gefühl von Sicherheit und Rhythmus vermittelt. Immer noch tut mir der Rücken weh. Gut, dass heute Sonntag ist, denke ich. Die Welt bräuchte mehr Sonntage.

Da ertönt ein Geräusch von der Straße her. Ich stehe auf, um das Fenster zu schließen und werfe einen kurzen Blick hinaus.

Sieht so aus, als würde jemand hier einziehen. Ein kleines Auto, das so abgefuckt ist, dass es an eine Thunfischdose erinnert, steht auf dem Parkplatz vor der Türe. Ein Mann, auch klein und in diesem Sinne zu dem Auto passend, steigt aus. Er hat lockiges dunkles Haar, das in alle Richtungen steht.

Inder vielleicht, denke ich. Oder Jude.

Dann schließe ich das Fenster und streife zurück auf meine Couch, den Ort der Seligkeit.

2. Recherche

Da mir die Ärztin auch nicht helfen kann, begebe ich mich selbst auf Recherche. Das Internet. Ärzten habe ich ohnehin nie getraut, die werden doch alle von der Pharma-Industrie eingekauft, denke ich, und starte meinen Laptop, Marke Äpfelchen. Ich durchblättere ein paar Links zum Thema Hautcremen. Hauptsächlich Seiten von Marken, die ich ohnehin kenne, nein, das ist nichts, ich will auch nicht »Toddlers and Tiaras« sehen, eine Sendung, in der Dreijährige den Tanzstil der neuen Popstars imitieren und Preise gewinnen können, auch das lähmt mich im Moment.

Auf Youtube entdecke ich, nachdem ich es erfolgreich geschafft habe, alle Werbe-Seiten zu schließen, eine Dokumentation über Männer und Frauen, die zu Bäumen werden. »Treeman« nennt sich das, was mich aus einem borkenartigen, mit Warzen übersäten Körper mit traurigen Augen ansieht. Das sei eine Hautkrankheit. Ich spüre meine Zunge nicht mehr, als ich die Dokumentation über »Treeman« weiter verfolge.

»I become a tree«, sagt der Herr mit den schlitzartigen Augen.

Der Baummensch aus Indonesien sieht verstört aus. Sein Rückgrat ist geknickt, weil seine Rindenhände und Rindenbeine so schwer sind. Ich bin paralysiert und starre auf den Bildschirm. Die Ärzte versuchen offenbar, ihn mit Vitamin A, das ihm über eine bestimmte Creme direkt auf die Haut übertragen wird, zu heilen. Lächerlich, denke ich. Der Schmerz in seinen Augen klappt nach innen. Ich habe diese Augen schon an Tieren gesehen, wenn sie eingesperrt in Käfigen saßen. Sie hatten ihren Blick in einen inneren Raum zurückgezogen, der sie beschützte. Mit einem Mal kann ich nicht mehr atmen. Ein Moment der Bestürzung.

Schließlich hört die Schlucksperre auf. Ich google nach einigen der Bilder, drucke sie aus und stopfe sie in meine Tasche.

Als ich mich anziehe, erinnere ich mich wieder: Die anderen Kinder wollten keine Schildkröten. Eher Gameboys oder Barbies. Aber ich war ein komisches Kind, denke ich. Ich bohrte mit meinem Kopf Höhlen in die Bettdecke, um mich zu verstecken. Mir war immer kalt und meine Handteller wurden leicht feucht. Oft träumte ich von kuscheligen, winzigen Zimmern, in die ich mittels einer Rutsche gelangte. Auch sie waren etwas Ähnliches wie Höhlen. So wie eine Schildkröte aus Hölzern Zelte aufschichtet, schichtete ich hinter dem Haus meiner Eltern Brennholz auf, bis kleine Häuschen entstanden. In denen ließ ich mich und meine Reptilienroboter wohnen. Das waren Triceratopse mit harten Schädeln, Godzillas aus Plastik mit zwei Köpfen, haarige Monster aller Art und komische Drachen, deren Köpfe innen hohl waren und die man leicht eindrücken konnte. Ich strickte ihnen Gewänder, ließ sie mit mir mitessen. Abends schliefen die Dinosaurier in meinem Bett. Der Geruch nach Plastik und Kunststoff erwärmte mein Herz. Es war mein Geruch nach Heimat, nach Erde, nach Glücklichsein geworden. Manchmal wünschte ich mir den Hals eines Brontosaurus, auf dem ich hinabrutschen konnte, wieder und wieder. Oder ich stellte mir vor, an Hörner geklammert auf einem Triceratops zu reiten. Ich sammelte die Monster, Dinosaurier und Drachen in einer Schublade, die mir bald heilig wurde. Nach der Schule baute ich Türme oder Straßen aus ihnen, ich ließ sie die Haare der batteriebetriebenen Ponys und Barbies fressen, mit denen meine Schwester spielte und die auf Knopfdruck singen, tanzen oder urinieren konnten. Es war eine gute Zeit, denke ich heute. Auch ohne Schildkröte. Das lag an den Höhlen. Mühevoll reiße ich mich aus meinen Gedanken. Es wird Zeit, dass ich etwas unternehme, denke ich.

Mit den Bildern des Baummenschen im Kopf gehe ich also zu meiner Ärztin. Ich versuche, sie vorsichtig darauf hinzuweisen, dass ich nun auch Rückenschmerzen habe. Sie zeigt sich nicht besonders beeindruckt. Sie tastet meinen Rücken ab. Dann fällt ihr Blick auf meinen Bauchnabel, der ihr irgendwie zu gefallen scheint, denn ihre Augen beginnen plötzlich zu leuchten.

»Wie wäre es für den Anfang mal mit einem Antibiotikum?«, schlägt sie vor.

Was soll das denn, frage ich mich und merke wieder, dass ich eine Zunge im Mund habe.

Kurze Stille. Ein Moment der Peinlichkeit.

»Ich weiß nicht, vielleicht ist das ein wenig fehl am Platz?«, frage ich unsicher.

»Wissen Sie, im Grunde sollten Sie sich einfach so lieben, wie Sie sind«, fährt sie fort.

Ihre Hände sehen zierlich aus und sind mit roten Sommersprossen übersät.

»Aha«, sage ich ratlos.

Da nähern sich mir ihre Finger. Sie legen sich um meinen Hals. Die Ärztin zieht meinen Kopf ein wenig an ihre Lippen heran, atmet in meinen Nacken hinein.

»Was sind Ihre Lieblingstiere?«, fragt sie.

»Warum?«

»Nun, vielleicht wäre es schön, wenn Sie das Tierische in sich ein wenig mehr leben würden?«

»Ja ...«

»Also, was sind denn Ihre Lieblingstiere?«

»Sch ... Schildkröten«, stottere ich.

»Ich hab mal Schildkröten beobachtet«, fährt sie fort, »die recken den Kopf so raus und ziehen ihn dann wieder rein.«

Sie beginnt, meinen Rücken zart zu berühren, irritiert vollführe ich eine rasche Bewegung, knirsch, zack. Ein Schrei. Verdammt. Jetzt habe ich ihr in der Hast einen Kinnhaken verpasst. Habe ich ihr den Kiefer gebrochen? Ich drehe mich langsam um und sehe sie an. Die Ärztin schützt ihre linke Backe mit der Schale ihrer Hand. Meine Finger zittern, stammeln, suchen nach dem weiten Pullover, in den ich mich gekleidet habe, weil mein Panzer gut in ihm Platz hat.

»Entschuldigung«, flüstere ich.

Schweigen.

»Ich muss los dann«, sage ich.

Auf dem Heimweg sinniere ich über mein Leben. Seit frühester Kindheit also: diese uneingeschränkte Vorliebe für das Monströse. Ich lief mit einem Dinosaurier im Arm umher, nannte ihn Marian, fütterte ihn bei jeder Gelegenheit. Ich erinnere mich, sein harter nackter Schädel war aus Gummi. Manchmal zog ich ihn an seinem langen Schwanz hinter mir drein. Marians speckige Babyschenkel waren mir das Liebste auf der Welt. Ich krümmte mich, spielte Ei für den Dinosaurier. Sammelte die winzigen glitschigen Wesen mit Reptilienhaut, die mir meine Tanten und Onkeln geschenkt hatten, in Kisten ein und baute hinter dem Haus kleine Höhlen aus Holzscheiten für sie. Marian hatte mehrere Knöpfe am Bauch, einen für »kuscheln«, einen für »schlafen«, einen für »essen«. Wenn ich an der Schnur zog, die aus seinem Hinterkopf hing, konnte er sogar singen. Das war ganz gut. Trotzdem wollte ich eine Schildkröte haben. Eine echte. Manchmal zischte eine Sternschnuppe über den Himmel.

»Ich will eine Schildkröte«, dachte ich mir dann, Augen fest zu, Lider gegeneinander gepresst, heimlich, still. Der Wunsch schoss nach innen. Schoss ins Herz zurück, oszillierte zwischen Bauch und Gehirn, immer wieder. Die Wünsche, die man einer Sternschnuppe schickt, darf man keinem erzählen, hatte der Vater gesagt. Meine Wünsche blieben also sorgfältig aufbewahrt in meinem Kopf. Ich betrachtete den Sternenhimmel. Er war endlos, das Licht erreichte uns zu spät, wusste ich, da waren viele Sterne bereits tot. Die Kuppel des Himmels schützte meinen Kopf, ein dunkler Himmel, dunkel und ruhig, ein Gefühl von Güte, wenn es so etwas geben sollte. Ich sperre die Wohnungstüre auf und seufze.

Vielleicht, denke ich, als ich meine Kaffeemaschine auf den Herd stelle, ist meine Verwandlung die Erfüllung dieses alten Wunsches? Ich bin nicht abergläubisch. Und außerdem wollte ich ja nicht eine Schildkröte werden, sondern eine haben. Ich blicke aus dem Fenster. Einzelne Blätter rieseln von den Ästen der Linde, die mir wie Arme vorkommen. Auf einmal sehe ich in jedem Baum einen verhinderten Menschen. Ich drücke meine Finger gegen die Lider bis es hell wird. Dann streife ich mit der Kaffeetasse zu meinem Computer und öffne meinen Mailaccount.

Der Neubauer

1

Man gehe in eine möglichst teure Bar. So habe ich Wiesner gefunden. Die kleine Schildkröte. Er sieht immer aus, als würde er den Kopf einziehen. Wenn man Glück hat, kommt man nach dem Tod in eine Bar, in der man niemanden kennt. Oder noch wichtiger: in der man nicht erkannt wird. Eine Bar ist essentiell. Alkohol ist essentiell für einen Menschen mit meinen Fähigkeiten. Wiesner ist jedenfalls eine Schildkröte. Eine Schildkröte, die mit erstaunlich weicher Stimme einen Old fashioned bestellt. Man kann nicht danebenliegen, wenn man jemanden anspricht, der einen Old fashioned bestellt. Wiesner hat bezahlt, seine Freunde haben bezahlt, niemand hat bemerkt, dass meine Runde ausfiel. Auch wenn ich damals nicht so blank war wie jetzt. Wiesner: Das ist jemand, der versucht, mit allen Mitteln *classy* zu sein. Das richtige Näseln, die richtige Nonchalance.

Auf alle Fälle war der Mensch schwer zu enttäuschen, was wohl daran lag, dass er trotz seiner dreißig Jahre ein Würstchen geblieben war, das einen Erwachsenen anrufen möchte, wenn ihm die Nudeln anbrennen.

Wiesner gefunden zu haben, sollte sich als Glück erweisen. Gerade in der aktuellen Situation.

Das ist das erste Mal, dass ich mit einer Reisetasche in der Hand an Wiesners Tür klingle. Ich habe vorher nicht angerufen. Das ist auch wichtig. Ein Notfall ist erst ein Notfall, wenn man zeigt, dass die Konventionen außer Kraft sind. Dass man auf die Annehmlichkeiten des einundzwanzigsten Jahrhunderts scheißen musste. Jawohl: musste. Schließlich ist es vonnöten, die Situation zu verkaufen. Keine schwarzen Löcher. Keine Lücken in den Erzählungen. Wiesner ist also unvorbereitet. Ich nicht minder. Die Tür geht auf und Wiesner ist überrascht. Wiesner öffnet die Tür und zieht den Kopf ein. Schildkröte, sag ich doch. *Quelle surprise!* Erst Freude mich zu sehen. Die kleine Schildkröte freut sich immer, mich zu sehen. Dann der Blick auf die Reisetasche. Sie ist aus Leder, selbstverständlich. Sie sieht teuer aus. Was man zeigt, muss teuer aussehen und billig sein und keinesfalls umgekehrt. Kopf einziehen. Jaja, Wiesner eben. Kann ich hier schlafen? Ein paar Tage? Es ist ein Notfall. Wiesner stutzt kurz: Was ist passiert? Frag nicht. Damit sind wir hier auch schon fertig. Ich kenne Wiesner ausreichend lange, um sicher zu sein, dass er keine Fragen stellt. Ich hatte auch keine Zeit, mir eine Geschichte auszudenken. Vertrauen nennt man das. Wiesner vertraut darauf, dass ich wohl schon Gründe haben müsse. Das ist ausreichend. Ich habe Gründe. *Voilà.* Schließlich kann ich Wiesner ja wohl kaum erzählen, dass ich obdachlos bin. Das ist nicht die Welt, in der ich lebe. Das also nur so *entre nous.* Wer nichts zu verbergen hat, hat nichts zu befürchten. Jedoch auch nichts zu sagen. Wiesner tritt zur Seite, ich betrete die Wohnung.

Zu lügen war gerade nicht notwendig. Wiesner selbst war kein guter Lügner. Er erlitt durch aufkeimendes Lachen dabei immer sofort Schiffbruch. Ich hatte meinen Mantel auf die Garderobe gehängt. Dieser verfluchte Winter würde endlich zu Ende gehen. Der naive Tropf. Niemals passiert etwas »einfach so«. Ja, klar, sicher. Ich habe Wiesner erforscht. Das ist recht einfach: Es gibt Mitspieler und es gibt Spielzeug. Wiesner ist Spielzeug. Wabbliges, schildkrötenhalsiges, schwammiges Spielzeug, das man sich schwer außerhalb einer Badewanne vorstellen kann. Zumindest, was das Soziales betrifft. Wiesners Fähigkeiten in anderen Bereichen sind nicht geringzuschätzen. Geldverlegenheit war ihm fremd.

Wiesner also in der Bar. Das sollte ich erklären. Es war so, dass das elende österreichische Proletenpack um ihn herum, alberner kleinstädtischer Landadel, mich einen Piefke nannte. Man muss ja nur die richtigen Vorurteile haben. Alle Menschen mit bundesdeutschem Akzent sind Nazis, zum Beispiel. Und in Diskussionen nennt man Menschen, die einem widersprechen, prinzipiell Hitler.

»Wer einen Old fashioned trinkt, muss ein grässlicher Mensch sein.« Damit hatte ich ihn. Er lachte. Die Reaktion war vorhersehbar, obwohl ich noch nicht genug getrunken hatte, um alles vorherzusehen. Ich war nicht zum ersten Mal in der Bar. Man muss schon die Geduld haben, auf den richtigen Menschen zu warten. Auf eine Gruppe ekliger, sich kultiviert fühlender Mittzwanziger. Der Barkeeper fragt nach meinem Befinden. Schlechten Menschen geht es immer gut. Wiesner lachte wieder. Ich habe einen Old fashioned bestellt. Der Rattenschwanz an Oberschichtskiddies hielt das Maul. Wiesner war der Alphaschwan. Nur zu mir blickte er auf. Ich bin auch ein Stück größer als er. Ich habe ein wesentlich kräftigeres Kinn. Wiesner war eine graue Gestalt. Graue Augen, aschige Haare. Mein Haupthaar war auch dichter und wechselte, ebenso wie meine Augen mit dem Lichteinfall die Farbe, ohne aber jemals fahl zu wirken. Ich könnte jeder sein. Wiesner Haare hatten schon begonnen, am Kopf auszufallen und auf den Schultern wieder fest zu wachsen. Wiesner hatte mit der Kreditkarte gewedelt.

Wenn man jemand um einen Gefallen bittet, suggeriert man, dass es ein Naheverhältnis gibt. Die Idee echter Freundschaft. Man legt nahe, dass derlei Gefälligkeiten auch umgekehrt möglich wären, dass man um etwas bitten, mehr noch, auf jemanden zählen könnte. Daher ist es gut, auf Wiesners Couch zu sitzen. Das offensichtlich nicht kostengünstige Exemplar eines Weekenders neben mir. Es gäbe ein Problem. Und er, Wiesner, würde mir schrecklich zu Hilfe sein. Wiesner mochte den Eindruck, den wir in den beiden Jahren unserer Bekanntschaft in der Öffentlichkeit machten. *Oh you glorious shitlords!* Die kleine Schildkröte würde diesen Eindruck um jeden Preis aufrechterhalten wollen. Es gäbe also ein Problem. Wiesner macht ein besorgtes Gesicht, und ich hoffe auf Whiskey, um zu wissen, was in seinem Kopf vorgeht. Es sei besser für ihn, Wiesner, wenn er nicht wüsste, worum es geht. Ich jedenfalls müsste eine Zeitlang untertauchen. Sieh doch, kleine Schildkröte, wie ich auf dich achtgebe. Keine Gefahr für dich. Nur Kismet. Nichts sonst. Wiesner nickt langsam. Hast du Hunger? Ein Nicken meinerseits. Ich stelle meine treue alte Weinflasche auf den Tisch. Wiesner betrachtet das Etikett. Stellt sie auf ein Regal.

Wiesner lässt mich allein im Wohnzimmer sitzen. Wie geht es dir sonst? Abgesehen von dem nicht zu Beredenden? Ich mache, obwohl er mich nicht sehen kann, die gleiche abwehrende Handbewegung wie immer: Schlechten Menschen geht es immer gut. Die Handbewegung eine Gewohnheit. Gewohnheiten dieser Art müssen gepflegt werden. Du siehst müde aus. Das war die höfliche Art zu sagen: Du siehst scheiße aus.

Ich kenne dieses Wohnzimmer schon zu gut von Partys. Die Bilder an den Wänden und die Skulpturen haben die Eltern für Wiesner gekauft. Da stand sogar eine mittelalterliche Maria auf einem Sockel. Geradezu ekelhaft das Teil. Rissiges Holz. Passt überhaupt nicht zu dem modernen, nüchternen Stil der restlichen Wohnung. Ebenso der Dekordildo aus Glas. Man wollte mit dem Kauf angeblich einen lokalen Künstler unterstützen. Wertanlage. Hatte Wiesner gesagt. Er traf diesbezüglich keine Entscheidungen selbst.

Wiesner war das typische Arztkind. Früher, als Ärzte noch übermäßig verdienten. Wiesner behauptete stets, verschreibungspflichtige Arzneimittel für jeden besorgen zu können. Aber bewiesen hatte er diese Fähigkeit nie. Seine Eltern bezahlten die Wohnung. Jedoch keine Mietwohnung, sondern Eigentum. Davon besaßen sie gewiss noch mehr. Sie bewohnten das Dachgeschoß eines Hauses in der Innenstadt, groß genug für sie und für Wiesner als Einzelkind. Er zeigte auch den für Einzelkinder typischen Egoismus. Für sein Studium wäre es eigentlich nicht notwendig gewesen, auszuziehen. Die Dachgeschoßwohnung war auch nicht weiter von der Geisteswissenschaftlichen Fakultät entfernt als diese hier. Jedoch keine Mietwohnung, sondern Eigentum. Davon besaßen sie gewiss noch mehr. Ich hätte Wiesner die Einrichtung zu Anfang noch zugetraut, er kleidete sich auch zweifelsohne geschmackvoll, jedoch beschlich mich immer mehr der Gedanke, dass dies alles seiner Mutter zuzuschreiben war.

Die helle Wohnung hatte eine eigenartige Raumaufteilung. Am Ende der Rückwand des Wohnzimmers fand sich ein Durchgang zum Schlafzimmer, da beides an der Glasfront lag, und beide Räume hatten eine Tür zum Bad. Man musste also beide Badezimmertüren abschließen, wenn man nicht alleine in der Wohnung war und nicht beim Scheißen gestört werden wollte. Wiesner kam mit zwei Tellern zurück in den Raum. Kellnerische Fähigkeiten, beide Teller mit einer Hand zu tragen, hatte er selbstverständlich keine. Er stellte einen Teller vor mir auf den Wohnzimmertisch. Nur mit einer Gabel, keine Serviette. Nudelauflauf. Gelber, käsiger Nudelauflauf. Bei Wiesners Partys gab es immer Käseplatte mit verschiedenen Weinen. Und nun: Nudelauflauf und offensichtlich in der Mikrowelle aufgewärmt. Seine Mutter hätte ihn gebracht, sagte Wiesner, und ich erinnerte mich dunkel, dass ich einmal, bei einer dieser Partys, Wodka aus Wiesners Gefrierschrank geholt und gesehen hatte, dass, die Fächer gefüllt waren mit Tupperboxen. Wiesners Mutter sorgte gut für ihn. Ihre Haushälterin kochte. Wiesner sprang auf und verließ das Zimmer, er kam wieder mit einer Flasche Schnaps. Irgendein überkandideltes Bio-Zeug.

Aber der Schnaps würde seine Wirkung tun und mir würde leichter sein. Die meisten Leute waren nüchtern nicht zu ertragen.

Wobei es nicht wirklich notwendig war, herauszufinden, was Wiesner dachte, es ging nur darum, sicherzugehen, dass er sich nicht ausgiebig mit den »bedrohlichen Gegebenheiten« befasste, dass er einfach hinnahm, dass ich seine Hilfe brauchte, und ich ihm als Freund so gut war, dass er keine Fragen stellen würde. Ich musste mich darauf verlassen, dass Wiesners Egozentrismus so weit ging, dass er sich als typisches Arschloch seiner Generation nur für seine eigenen Probleme interessierte. Diese waren allesamt in seiner simplen Erste-Welt-Perspektive angesiedelt, à la: *Ich hatte zwischen meinen Auslandsreisen gar nicht die Zeit, meine Bilder zu ordnen.* Ich durfte mich nur nicht zu lange bei ihm einnisten. Die Lage durfte sich nicht hinziehen.

Wie sein Rattenschwanz an Bekannten war auch Wiesner ein Langzeitstudent, der seinen Platz in der Wirtschaft oder Politik sah und glaubte, schon einen Einstieg zu finden, wenn er nur genügend Zeit in die Hochschülerschaft investierte. Nicht, dass er sich je mit Wirtschaft oder Politik befasst hätte. Allerdings ließ er nie eine Gelegenheit aus, sich durch die angeblich erfolgreiche Firma seines Vaters hervor zu tun. Ein kleines Tochterunternehmen hatte dieser ihm vor einiger Zeit überlassen, das Wiesner so schnell wie möglich gegen die Wand gefahren hatte. So macht man aus einem Laster einen Mini Cooper. Ich kippte den Kurzen hinunter. Wir stocherten im Nudelauflauf. In der Mitte war er noch gefroren. Ich war noch nie so auf jemanden angewiesen gewesen. Wiesner griff in ein Fach unter dem Wohnzimmertisch und hielt mir einen Serviettenspender vor die Nase. Üblicherweise ignorierte er seine Erziehung erfolgreich, sobald ich anwesend war. Was soll ich sagen: Der Mann liebt mich. Er hatte einen Narren an mir gefressen, was das auch immer heißen mochte. Den Serviettenspender hatte wohl auch Mami für ihn gekauft. So, zufrieden, Mutter? Hab ich das Scheißding benutzt. Kannst du meine Freunde fragen.

Derlei höfliches Getue hatte es bislang zwischen uns nicht gegeben. Ich nahm noch einen Schnaps, um Wiesners Gedanken klarer zu machen. Da hörte ich, wie sich ein Schlüssel im Schloss drehte.

2

In Gedanken war ich noch bei Wiesners Mutter, aber die Frau, die den Raum betrat, war Moni. Moni war schon seit mehreren Wochen mit Wiesner zusammen und hatte offenbar recht schnell einen Zweitschlüssel aus ihm herausgeleiert. Niemand sollte mit irgendjemandem zusammenwohnen müssen, das führt nur zu Begleitpflanzenelend, aber Wiesner war der Typ Mensch, der sich wie ein Kind darauf verlässt, an die Hand genommen zu werden. Zum Beispiel von mir. Oder von Moni. Auch mit Moni hatte ich schon getrunken, seitdem wusste ich: Moni war ein widerliches Exemplar von einem Weibsbild, in ihr war keinerlei Zuneigung für Wiesner und sie hatte sich nur aus Mangel an Möglichkeiten und einer Seele auf ihn eingelassen: Sie brauchte eine Wohnung, und da ihre Eltern fern der Stadt lebten, hätte sie diese selbst suchen müssen, und knapp bevor ihr alter Mietvertrag auslief, hatte ich es deutlich hören können: Ich könnte doch zu dem ziehen. Attraktiv ist er nicht, aber die Wohnung ist doch schön. Ihr Problem war nicht Geldmangel, sondern Faulheit. Wohnungen zu besichtigen war zu viel verlangt. Moni ließ sich alles gefallen, bekam sie dafür Luxus. Berufswunsch Trophäenfrau. Ihr Blick streifte den Dekordildo, als sei er heute schon in ihrem Arsch gewesen. Erkenntnis kann etwas Ekelhaftes sein. Nicht einmal ich war aus so opportunistischen Gründen hierhergekommen. Ich hatte mich an Wiesner gewandt, da er trotz all der Dinge, die er nicht von mir wusste, mein engster Vertrauter war. Wiesner stellte seinen leeren Teller auf den Tisch und verließ wieder den Raum. Er holte Bettwäsche.

Ich war mit Moni allein. Ich hatte mit Moni nicht gerechnet. Wiesner, du Eunuch! Ich hatte sie einfach vergessen. Moni trank einen Kurzen. Hattest du Streit mit ihr? Natürlich, Moni, das Klatschweib. Skandalgeile Bitterfotze. Klatsch ist viel einfacher als Interaktion. Sie witterte überall Beziehungsprobleme. Sie brauchte sie, um sich daran zu belustigen, schließlich hatte sie selbst vorerst keine. Keine Gefühle, kein Drama. Ich schüttelte den Kopf. Sie sollte mehr trinken. Wiesner legte Bettwäsche auf das Sofa. Sie sah neu aus. Die Couch gehört ganz dir. Jetzt nicken. Nicht einmal ein Gästezimmer hat die Bude. Schon schwach. Moni sah Wiesner fragend an und er sagte nur knapp: Er bleibt für ein paar Tage. Sie spielte mit der Knopfleiste seines Hemdes: Warum? Das ist doch gerade ganz schlecht heute, ich hatte eine Überraschung für dich. Aber ich wusste: Moni war klar, dass Wiesner mich nicht wegschicken würde, und so blieb ihr der Coitus mit jemandem,, den sie nicht attraktiv – und bei einer Frau wie Moni bedeutete das »abstoßend« – fand, erspart. Die Wände waren nicht allzu dick. Wiesner wäre das gleich gewesen. Sie machte einen Schmollmund. Sie trug immer roten Lippenstift. Ein Klischee von blondem Gift. Manche bemühen sich, Klischees zu sein. Wiesner war durchaus nicht hässlich, aber Moni war eine derartig aufgetakelte Prinzessin, dass man nicht umhin konnte, ihn neben ihr für eine aufgeblasene Kröte zu halten. Wiesner zog den Kopf ein. Einem unbeteiligten Dritten boten die beiden ein schauerliches Bild. Ein Naivling, der Mann. Moni fragte mich noch einmal: Hattest du Streit mit ihr? Sie zog ein mitleidiges Gesicht auf. Heuchelei. Sie setzte sich neben mich.

Aber nein, um Mademoiselle Tarán geht es hier nicht. Ist ja nicht so, als hätte ich mich bei ihr eingenistet. Mit der Mademoiselle telefonierte ich nur nachts. Sie rief nur nachts an. Riefe

Wiesner mich nicht ständig untertags an, wäre ich auch gar nicht in der Situation, sondern hätte meine Arbeit im Supermarkt und meine Wohnung noch.

Schau, Moni, ich mache das wie du, ich niste mich bei Wiesner ein. Sie sah mich an: Warum bist du dann hier? Vielleicht wollte sie nicht mit ihrer wabbeligen Schildkröte allein sein, aber mich wollte sie auch nicht sehen. Aber wenn Mademoiselle Tarán wüsste, wo das eigentliche Problem liegt, sie hätte mich längst verlassen. Warum bist du dann nicht bei ihr? Ja, es gibt Mitspieler und Spielzeug, und Moni wollte mit mir »Woisserdenn?« spielen. Die Antwort für Moni musste sein: Ich ertrage sie nicht drei Tage hintereinander. Ich hätte mir vor Monaten ausdenken sollen, was ich sage. Keine schwarzen Löcher lassen. Schwarze Löcher waren immer schlecht. Wiesner musste nichts sagen. Der Schnaps war ein ausgezeichneter Zaubertrank. Ich weiß, was er denkt: Das hast du bei der letzten Schlampe auch gesagt.

Gestern war ich zuletzt bei ihr. Gestern, als ich beschlossen hatte, Wiesner vorläufig als Lösung zu betrachten.

Genau genommen, und das würde ich Moni *nicht* sagen, war Mademoiselle Tarán in diesem Moment nutzlos, sie war zu anstrengend und würde auch nicht aufhören, Fragen zu stellen. Frauen. Zweifelsohne war es besser, den Kontakt mit Wiesner zu intensivieren. Moni ging das nichts an. Und Wiesner wollte ja regelrecht benutzt werden. Sonst wäre ja auch Moni nicht hier. Trinken wir noch einen Schluck, Moni. Ich legte den Arm um ihre Schulter, das verunsicherte sie. Der Schnaps roch wie Nutella, ein klar gebrannter.

Mademoiselle Tarán würde ja liebend gerne tagelang an mir kleben. Zwar war sie nicht blond, aber Gift war sie allemal. Aber wer wäre ich, das Mademoiselle Tarán vorzuwerfen? Ach, die Welt ist schlecht, mein Mäuschen. Dabei hätte ihr jeder, und Wiesner zuerst, gesagt, dass ich für Beziehungen nicht tauge.

Aber darum ging es nicht. Es ging um eine erzwungene Bindung auf Papier, und mehrere gemeinsame Tage am Stück hätten die Idee bei ihr verstärkt. Bei der Tarán hätte ich mich benehmen müssen. Bei Wiesner musste ich das üblicherweise nicht. Mademoiselle Tarán tat auch stets das ihre, um Menschen wie Moni Hoffnung auf großes Theater zu machen. Eine wütende Szene in der Öffentlichkeit und Moni würde sie allen Bekannten schildern und analysieren. Ihr einziges wahres Freizeitvergnügen. Moni sorgte dafür, dass es Gemunkel gab. Immer.

Mademoiselle Tarán provozierte eben gern. Wenn sie meine Sachen aus dem Fenster warf, würde ich am selben Tag noch in ihrem Bett liegen. Stellte sie sie geordnet vor die Tür, wäre es vorbei, aber das käme bei ihr niemals vor. Big Drama, Baby! Daraus war sie gemacht.

Reibungsverluste

– aufwachen –

Ich muss das Bett endlich umstellen, dachte Nora. Das dachte sie jeden Morgen beim Aufwachen, vergaß es aber im Laufe des Tages. Die Bücher waren überall, stapelten sich auf dem kleinen Esstisch und auf den beiden Stühlen, räkelten sich lose auf der Gästecouch und bildeten auf dem Boden größere und kleinere Türmchen, die in sich zusammenzufallen drohten. Die Bücher führten ein Eigenleben und waren darauf aus, Noras winzige Wohnung in Beschlag zu nehmen. Wie Gremlins, dachte Nora und zog sich die Decke über den Kopf, wie sie es als Kind getan hatte, während ihr älterer Bruder fasziniert den kleinen weißen Kuschelmonstern beim unkontrollierten Vermehren zugeschaut hatte. Nora hatte sich vor den Gremlins gefürchtet, Max wiederum hatte sich genüsslich über die Angst seiner kleinen Schwester lustig gemacht. Ich muss Max zurückrufen, dachte Nora. Ich muss, ich muss ... jeder neue Tag begann mit Selbstbezichtigungen und unerledigten Verpflichtungen, die es nachzuholen galt, sowie mit dem Gefühl, dass die Bücher sie vorwurfsvoll anblickten und nur darauf warteten, angeschaut und gelesen und bearbeitet oder zumindest in Ordnung gebracht zu werden. Aber Nora dachte nicht daran, die Bücher anzurühren. Seit vier Wochen befand sie sich in einem Lesestreik, den sie zu ihrem eigenen Staunen selbst ausgerufen hatte, als sie mit wildfremden Leuten in einem Irish Pub auf ihren Dreißiger angestoßen hatte. Sie konnte nicht mehr genau rekonstruieren, wie sie dort gelandet war und mit wem, und schon gar nicht, wie sie auf diesen hirnrissigen Quartalsvorsatz gekommen war.

Dreimonatiger Lesestreik. So ein Schmarrn, hatte sie am nächsten Tag lachend und mit brummendem Schädel gedacht, aber dann hatte sich die sprichwörtliche Schnapsidee, drei Monate lang bewusst kein Buch mehr anzurühren, wie ein Ohrwurm in ihrem Kopf festgesetzt, und sie musste nach zwei Wochen feststellen, dass sie tatsächlich bücherabstinent geworden war und ihr diese Nulldiät durchaus behagte. Seit Nora denken konnte, hatte sie immerzu irgendwelche Bücher vor der Nase gehabt, meistens mehrere gleichzeitig, Bilderbücher, Kindergeschichten, Abenteuerromane, Karl May, Die drei Fragezeichen, Jugendbücher über Pferde und Internate, später Sherlock Holmes und Poirot und Miss Marple und dann die düstere Welt von Edgar Allan Poe. Irgendwann war die sogenannte Weltliteratur allmählich in ihr Leben eingesickert, ihr erster weltliterarischer Sommer war von Kafka, Tschechow und Proust dominiert gewesen, und von da an hatte sie stets das Gefühl gehabt, immer weiter auf die hohe See hinauszuschwimmen, und kein Ende in Sicht. Je mehr sie las, desto unbelesener und ungebildeter fühlte sie sich. Wie die Russen sagen: Je tiefer in den Wald hinein, desto dichter das Holz. In den letzten beiden Jahren in Sankt Petersburg hatte die Leseobsession einen Höhepunkt erreicht. In Vladimirs Wohnung, die fast dreimal so groß war wie ihre jetzige Wiener Höhle, hatten sich die Bücher ebenso unkontrolliert vermehrt, im Schlafzimmer, im Bad, im Wohnzimmer, im Gästezimmer und in der Küche. Das hatte Vladimir zur Weißglut getrieben. Wenn Nora heute an ihre zweieinhalb Russlandjahre dachte, musste sie mit Bedauern feststellen, dass sie sich mehr an diverse Figuren und Szenen aus Romanen erinnerte als an Begegnungen mit realen Menschen. Damit sollte nun Schluss sein. Lesen oder Rauchen, Kopf oder Zahl: eine Sucht musste für drei Monate verschwinden, das hatte sie an ihrem dreißigsten Geburtstag spontan beschlossen. Es wurde Kopf, also musste das Lesen dran glauben. Seltsamerweise fehlte es ihr nicht.

Erstaunlich, wie gut es sich anfühlte, zur Abwechslung nicht in der Schuld eines Bücherstapels zu stehen. Sie ertrug das Chaos in ihrer Wohnung mit Gleichmut. Ab und zu schob sie ein Buch mit dem Fuß zur Seite, aber ansonsten tat sie so, als wären die Bücher gar nicht da. Weit und breit kein Vladimir, der hätte protestieren können.

Der Wecker läutete zum zweiten Mal. Die zehnminütige Gnadenfrist war vorüber. Nora rappelte sich aus dem Bett hoch, murmelte »Scheiße« und ging die wenigen Schritte zum Bad. »Scheiße«. Auch das wollte sie sich abgewöhnen, dieses rituelle allmorgendliche Fluchen. »Jetzt redest du schon mit dir selbst. Bist halt wieder eine richtige Wienerin«, sagte sie halblaut und grinste ihr Spiegelbild an. Dann vergrub sie ihr Gesicht im kalten Wasser.

Nora genoss es, in der ersten Viertelstunde ihres Tages der Welt ohne Brille entgegenzutreten. Im Spiegel sah sie einen dunkelbraun umrahmten beigefarbenen Teigklumpen, die gemusterten Bodenfliesen verschmolzen zu einer meeresblauen glatten Fläche und das aufgetürmte schmutzige Geschirr vom Wochenende zeigte sich von seiner farbenfrohen Seite. Nora mochte ihre frühmorgendliche Sicht der Dinge. Was sie mit ihren sieben Dioptrien und dem Astigmatismus im linken Auge sah, das vermochte außer ihr niemand zu sehen. Die verschwommene, impressionistische Farblandschaft gehörte ganz allein ihr. Als Kind hatte sie es geliebt, heimlich die Brillen ihrer Eltern aufzusetzen. Die standardmäßige Warnung »Du ruinierst dir noch die Augen« ließ die altmodischen Aschenbecherbrillen nur noch begehrenswerter erscheinen, und wann immer sich eine günstige Gelegenheit bot, griff die kleine Nora entschlossen zu. Die Mutter war kurzsichtig, der Vater weitsichtig, und so wirkten alle Gegenstände im Wohnzimmer durch Mutters Brille

winzig klein und scharf umrissen, und man bekam davon Kopf-
weh, während Vaters Brille eine ganz andere Welt offenbarte,
eine verschwommene, gewölbte, verzerrte und vergrößerte, so
wie auch ihre eigenen Augen – wenn sie sich mit Vaters Brille
auf der Nase im großen Wohnzimmerspiegel betrachtete – rie-
sig wirkten, wie die Augen des großmutterfressenden Wolfs in
Noras erstem Lesebuch. Für Nora waren die Brillen der Eltern
so etwas wie der Wunderpilz bei Alice im Wunderland. Ein und
dasselbe Ding konnte mit einem Schlag größer oder kleiner erscheinen. Ein erster dezenter Hinweis des Lebens darauf, dass
jeder die Welt auf seine eigene Weise wahrnahm.

Vladimir hatte ihr die häusliche Brillenlosigkeit als Faul-
heit und Realitätsflucht angekreidet. »Du willst wohl deine
Haustiere nicht mehr sehen, deine Staubmäuse«, sagte er dann
und zog sie am Ohrläppchen. »Du bist mein Staubmäuschen.«
Ihm gefielen diese unregelmäßigen Verkleinerungsformen im
Deutschen, wie Bäuchlein und Füßchen und Häuschen. »Selber Staubmäuschen«, antwortete sie dann und gab ihm einen
Kuss auf sein Mäuschenschnäuzchen. Staubmäuse spielten
sie, wenn Vladimir gut gelaunt war. Hatte er jedoch schlechte
Laune, machte ihn Noras Sehverweigerung richtig wütend.
Dann schimpfte er sie eine rücksichtslose Egoistin, die seine
Wohnung verdreckte, während er sich den Rücken krumm arbeitete und jede Dienstreise, komandirowka, die ihm der Abtei-
lungsleiter aufbrummte, notgedrungen akzeptierte, und überhaupt, wenigstens die Bücher aus der Küche könnte sie doch
wegräumen, das wäre ja wohl nicht zu viel verlangt.

Nora wusste selbst nicht, warum sie morgens immer an Vladimir
dachte. Da gab es nichts mehr zu denken, es war vorbei, und sie
vermisste ihn nicht, und auch nicht den gemeinsamen Alltag.
Nach dem Aufwachen kreisten ihre Gedanken jedoch unweiger-
lich um Vladimir, oder besser gesagt um seine Abwesenheit. Als
wäre da ein Loch neben ihr, so ein Warp-Loch, das sich ihre

Gedanken und Gefühle einverleibte. Offenbar hatte sich ihr Organismus noch nicht daran gewöhnt, alleine aufzuwachen. Mit Vladimir hatte es Rituale gegeben, kleine Gesten und Worte, mit denen sie gemeinsam den Übergang vom Schlaf in den Wachzustand überbrückt hatten, diesen Zwischenraum, in dem Wahrnehmungen und Gedanken ein Eigenleben führten. Seit Nora allein schlief, fühlte sich das Aufwachen anders an. Früher hatte sie Vladimir fast jeden Morgen erzählt, was sie geträumt hatte, noch bevor sie richtig wach geworden war. Der schläfrige Vladimir hatte nur mit halbem Ohr zugehört und zwischendurch ein desinteressiertes »prawda?«, »tatsächlich?« eingeworfen. Jetzt war keiner da, dem Nora ihre ausufernden Träume anvertrauen konnte, solange sie noch frisch waren und bevor sie der Klarheit der wachen Gedanken weichen mussten wie Tautropfen den ersten Sonnenstrahlen. Seit Nora wieder allein schlief, träumte sie nicht mehr viel. Das lag wohl daran, dass Vladimirs Schnarchen ihren Schlaf nicht länger störte.

Mit nassem Gesicht trat sie zum Herd und nahm die Espressokanne in die Hand. Nur mit Mühe gelang es ihr, die beiden Hälften auseinanderzuschrauben. Um diese Uhrzeit hatte sie noch wenig Kraft in den Händen. Sie holte das Zwischenstück mit dem Kaffeesatz von gestern heraus, drehte es um und pustete kräftig in die runde Öffnung. Der Kaffeesatz löste sich sauber von den Rändern und landete in ihrer hohlen linken Hand. Ein Trick, den sie von Vladimir gelernt hatte, den dieser wiederum auf einer Dienstreise in Italien aufgeschnappt hatte. Vermutlich von einer Italienerin, mit der er sie höchstwahrscheinlich betrogen hatte, wenn Betrügen überhaupt der richtige Ausdruck dafür war. Das war alles nicht mehr wichtig. Im Gegenteil, Nora amüsierte sich insgeheim über den Gedanken, dass sie durch Weisheiten, die sie aus Vladimirs Mund gehört hatte, indirekt mit den anderen Frauen in seinem Leben verbunden war. So hingen die Dinge zusammen.

Nora knetete den Kaffeesatz mit der linken Hand und wusch sich anschließend damit die Hände wie mit einer Seife. Den Pflegetipp hatte sie ihrer früheren russischen Mitbewohnerin Olga zu verdanken, die das wiederum in einer Frauenzeitschrift gelesen hatte. Angeblich bescherte Kaffee, als Peeling zweckentfremdet, eine glatte Haut. Russische Frauen legten den allergrößten Wert auf schöne Hände, und Nora hatte sich nach Kräften Mühe gegeben, dieser allgegenwärtigen ästhetischen Anforderung gerecht zu werden. Ihre eigenen Hände waren ihr in Russland mit einem Mal klobig und ungepflegt erschienen. Immerhin hatte sie sich in Russland abgewöhnt, an der Nagelhaut zu knabbern, nachdem Olga sie eines Abends resolut zurechtgewiesen hatte: »So geht das nicht, meine liebe Norotschka. Mit solchen Händen machst du keinen Eindruck auf Männer. Komm, ich zeige dir, wie man richtige Maniküre macht. Kostet nichts und dauert nicht lang.« Daraufhin war Olga in ihrem Zimmer verschwunden. Sekunden später war sie mit einem frischen Handtuch, einer Glasschüssel und einem altmodischen Lederetui zurückgekehrt. Aus dem Etui, in dem, wie Nora später erfuhr, schon Olgas Großmutter ihre Utensilien zur Nagelpflege aufbewahrt hatte, holte Olga diverse Werkzeuge heraus, mit denen sie sich daranmachte, Nora zu raffinierten russischen Damennägeln zu verhelfen. Zuerst musste man die Finger im Wasser aufweichen, erklärte Olga und goss lauwarmes Wasser in die Glasschüssel. So ließ sich die Nagelhaut leichter entfernen. Danach wurden die Nägel sorgfältig gefeilt und die Hände mit einer Feuchtigkeitscreme einmassiert. Die ganze Prozedur nahm etwa eine halbe Stunde in Anspruch. Zum Schluss durfte Nora aus einer eckigen dänischen Keksdose, in der Olga ihre Nagellacke aufbewahrte, eine Farbe auswählen, um sich anschließend von Olga fachmännisch erklären zu lassen, wie man einen Nagellack richtig auftrug. »Du fängst in der Mitte des Nagelbetts an, siehst du? So.

Dann arbeitest du dich hinauf, fast bis zur Nagelhaut. Aber nur fast. Du darfst mit dem Pinsel nicht anstoßen, sonst verliert die Farbfläche ihre Kontur. Ja, so ist es gut.« Nora hatte sich für einen knallroten Nagellack entschieden, bezeichnenderweise ein Essie mit dem Namen Russian Roulette, denn ihre Schwäche für die Magie von Wörtern und Eigennamen konnte sie selbst bei der Auswahl von Lacken, Parfums, Zigarettenmarken oder Wohnadressen nicht ganz ablegen. Es war wohl nur einem Zufall zu verdanken, dass sie zwei Tage später, mit ihren tadellos rot lackierten Nägeln bewaffnet, Vladimir in einem Lokal kennengelernt und aus einer puren Laune heraus verführt hatte. Olga glaubte nicht an einen Zufall, ihrer Meinung nach war es gerade die Maniküre gewesen, die Noras Weiblichkeit zur Geltung gebracht und ihr damit zu dem verholfen hatte, was sich zunächst wie Liebesglück oder Glück in der Liebe angefühlt hatte. Später lackierte sich Nora nur noch selten die Nägel, beherzigte aber Olgas Ratschläge bezüglich Maniküre und legte sich eigens dafür ein Handtuch, eine Glasschüssel und ein schlichtes Lederetui zu. Auch als sie später mit Vladimir zusammengezogen war, widmete sie zwischendurch einen Abend ihrer Nagelpflege, mit Rachmaninows Drittem Klavierkonzert im Hintergrund, zur großen Belustigung von Vladimir, der ihr kopfschüttelnd eine ästhetische Assimilierung attestierte. Seit Nora wieder in Wien lebte, waren die Maniküresitzungen seltener geworden, aber das tägliche Kaffeepeeling für die Hände war inzwischen Routine. Olga selbst hatte immer nur schwarzen Tee getrunken und hatte sich gefreut, eine Mitbewohnerin zu haben, die täglich nützlichen Kaffeesatz produzierte.

Ich muss endlich wieder mit Olga skypen, dachte Nora, während sie die Espressokanne zusammenschraubte. Wieder so ein »ich muss, ich muss«. Nora stellte die Espressokanne auf die Herdplatte und ging ins Bad. Hastig streifte sie ihren hellblauen

Flanellpyjama ab und stieg in die Duschkabine. Der Wettkampf gegen die Zeit konnte beginnen. Sie musste mit dem Duschen fertig werden, bevor die Kaffeemaschine mit einem lauten Blubbern auf sich aufmerksam machte. Der harte Wasserstrahl katapultierte Nora endgültig in die Gegenwart, der zitronige Duft des Duschgels mischte sich mit dem stärker werdenden Kaffeegeruch. Sie schrubbte sich kräftig mit einem Schwamm ab und ließ anschließend eiskaltes Wasser über ihren Körper laufen. Auch diesen Tipp hatte sie aus Russland mitgebracht. »Ist gut gegen Cellulitis. Und härtet dich ab«, hatte Olga ihr eingeschärft. Tatsächlich entbehrte es nicht einer gewissen Härte, sich jeden Tag mit eiskaltem Wasser zu übergießen, so kalt, dass der Atem stockte, aber für Nora war der Wettlauf gegen die Kaffeekanne in Kombination mit dem kalten Wasser die einzige Möglichkeit, die Zeit unter der Dusche einzugrenzen. Wäre es nach ihr gegangen, würde sie stundenlang unter der heißen Dusche stehen und sich Tagträumen hingeben, wie es sich für Warmduscher gehörte. Aber das war zeitaufwendig und obendrein eine Ressourcenverschwendung, die sie nicht verantworten konnte.

Nora spürte, wie nach der kalten Dusche Hitze in ihrem Körper aufstieg und ihre blasse Haut stellenweise rötlich färbte. Jetzt war sie richtig wach. Sie wickelte sich in ein Handtuch und eilte zum Herd. Punktgenau, der Kaffee war soeben fertig geworden. Ein kleiner Etappensieg. Zufrieden goss sie die heiße dunkelbraune Flüssigkeit in ihre neue Kaffeetasse, die sie sich selbst zu ihrem Dreißiger geschenkt hatte. Eine schlichte graue Tasse, ohne jegliche Verzierungen. Eine solche Tasse aufzutreiben, war gar nicht so leicht gewesen. Die beige Farbe, die der Kaffee annahm, nachdem sie ein wenig Milch hineingeschüttet hatte, passte hervorragend zum Grauton.

Mit der Kaffeetasse in der Hand stapfte Nora zurück zum Bett. Sie stellte die Tasse auf dem Nachtkästchen ab und setzte ihre

Brille auf. Augenblicklich verwandelten sich die Farbflecken in scharf umrissene Gegenstände, und das Zimmer stellte seine Unaufgeräumtheit unverhohlen zur Schau. Noras Blick fiel auf den Wecker. Viertel nach acht. Sie musste sich beeilen. Jeden Montag das gleiche Drama. Sie brauchte fast eine Dreiviertelstunde zur Arbeit, also sollte sie schon längst fertig angezogen sein und das Haus verlassen haben. An eine selbstgedrehte Zigarette, gemütlich zum Kaffee und Radiomusik, war nicht mehr zu denken. Mit geübten Handgriffen nahm sie aus dem Kleiderschrank alles, was sie brauchte: Unterwäsche, Socken, Jeans, ein kurzärmliges schwarzes Oberteil und eine dunkelblaue Strickjacke, zog sich rasch an und hob ihre Handtasche vom Boden auf. Eine weitere Weisheit Olgas kam ihr in den Sinn: »Du darfst deine Handtasche nie auf dem Boden ablegen, sonst wirst du immer zu wenig Geld haben.« Das erklärt vielleicht einiges, dachte Nora und gönnte sich ein herzhaftes Seufzen. Dann kehrte sie rasch zum Vorraum zurück, schlüpfte in ihre Turnschuhe, trippelte zum Bad, putzte sich die Zähne, schnürte ihre Schuhe, danach nahm sie noch einen großen Schluck Wasser, band ihre Haare hastig zu einem vogelnestartigen Gebilde zusammen und stürmte aus der Wohnung.

– hetzen –

Die Topfpflanzen im Stiegenhaus würden einen weiteren Tag ohne Wasser auskommen müssen, Nora hatte keine Zeit mehr, ihnen zu trinken zu geben. Die kleine Palme, die Nora wegen ihrer Mimosenhaftigkeit Mimi nannte, die Aloe Vera namens Verotschka, der Gummibaum Boris und die drei kleinen Kakteen Tick, Trick und Track, von denen einer, nämlich Trick, gerade in Blüte stand, was ihn verletzlich aussehen ließ, schienen Nora ebenfalls vorwurfsvolle Blicke nachzuwerfen, als sie an ihnen vorbeilief und die Treppe hinunterstürzte. Nach dem Einzug hatte Nora sich fest vorgenommen, sich häuslich einzurichten und zu diesem Zweck im nächstbesten Blumenladen sorgfältig mehrere Topfpflanzen ausgesucht und eigenhändig die vier Stockwerke hinaufgetragen, nur um festzustellen, dass in ihrer kleinen Wohnung gar kein Platz für sie war, jedenfalls kein richtiger Platz an der Sonne. Die anspruchslosen Kakteen hätten bleiben können, aber Nora brachte es nicht übers Herz, die kleine Pflanzenkompanie auseinanderzureißen, denn ihre Pflanzen gehörten auf eine ähnliche Weise zusammen wie streunende Hunde unterschiedlicher Rassen, die sich aus unerfindlichen Gründen zu einer Hundebande zusammenrotten. So fanden alle Pflanzen im Stiegenhaus ihr neues Zuhause. Ihren ersten Winter hatten sie erstaunlich gut überstanden. Wenn Nora zwischendurch Zeit hatte, sich mit ihren Pflanzen zu beschäftigen, dann sprach sie leise zu ihnen, manchmal auf Russisch. Das hatte sie sich von Vladimirs Großmutter abgeschaut, einer uralten rüstigen Dame, die sich auf ihrer Datscha stundenlang liebevoll mit ihren Pflanzen unterhielt, während sie für ihre eigenen Artgenossen nur schroffe Kommandos übrig hatte. Noras Pflanzenkompanie schien es ihr zu danken, alle Mitglieder hielten tapfer die Stellung, trotz der beträchtlichen Vernachlässigung, die ihre Besitzerin ihnen über weite Strecken angedeihen ließ. Die Pflanzen verdeckten das Schuhregal, auf dem sich ein Dutzend Schuhpaare türmten, und bereiteten ihr jeden Abend einen freundlichen Empfang.

Tagwache

Zwei Tage vor Verleihung der Lebensrettungsmedaille lag Wachtmeister Hütter in seinem Feldbett in der Unterkunft nahe der
österreichisch-ungarischen Grenze und dachte daran, wie er
mit einem fiktiven atomaren, biologischen oder chemischen An-
griff die Vorkommnisse rund um Rekrut Lampl in Gang gesetzt
hatte. Er war zu hart oder zu weich gewesen, zu kleinlich oder
zu nachgiebig. Und so wurde geschossen und liegen geblieben,
verleumdet und verteidigt, aufgeklärt und unter den Teppich
gekehrt. Er fühlte sich nicht schuldig, aber er hätte einiges verhindern können.

Wie schwer war Lampl von Sauper, Primig und Ungerhofer
verletzt worden? Hatte Hütter ihn zu fest an der Kehle gepackt?
Und was würden sie jetzt mit Lampl machen? Würden sie ihn
einfach aus dem Dienst entlassen, auf der psychiatrischen Station behandeln oder ihn ins Militärgefängnis sperren?

»Tagwache«, schallte es durch den Raum.

Hütter reagierte nicht auf die Stimme, er blieb liegen. Einen
Moment noch, dachte er sich.

»Tagwache!«, wurde er angebrüllt, und Hütter tat so, als hätte
er es nicht gehört und blieb liegen.

Teil 1

1

Wachtmeister Robert Hütter erwachte um nullfünfhundertvier-
zig, küsste seine sich neben ihm herumwälzende Frau Antonia
auf die Wange und erhob sich mit den üblichen drei Ächzern.

Hütter duschte, nicht zu lange, wegen des Wasser- und Energieverbrauchs, und nicht zu kurz, wegen des Nachtschweißes. Er genoss den Wasserdruck, in seiner Junggesellenwohnung hatte es nur unmotiviert aus dem Duschkopf geplätschert.

Er trocknete sich ab, dabei sah er sich im Bad um. Die weißen Fliesen glänzten, der Handtuchwärmer heizte, das Abluftsystem entfeuchtete. Hütter konnte immer noch nicht glauben, dass er der Besitzer dieses Badezimmers war, oder zumindest sein würde, wenn der Kredit abbezahlt war, freute sich darüber und auch über das restliche Haus um das Badezimmer herum und schüttelte die Dose mit Rasierschaum. Ein handgranatengroßer Patzen Schaum wuchs in seine linke Hand. Er massierte diesen in die Bartstoppel an den Wangen, am Kinn und über der Oberlippe ein und wartete dreißig Sekunden, damit die Stoppel weich wurden, so wie es auf der Packung empfohlen wurde. Er rasierte sich gegen den Strich. Es war Freitag und der morgige Samstag für ihn dienstfrei. Also spülte er die Klinge nicht mehr sorgfältig aus, sondern entsorgte sie. Das Ende einer Dienstwoche bedeutete das Ende einer Rasierklinge.

Das Außenthermometer am Fenster zeigte sieben Grad an. Also keine langen Unterhosen. Er zog sich Blue Jeans, ein schwarzes Polohemd und den schwarzen Pullover mit Stehkragen und ohne Aufdruck an, sein Weggewand.

Robert Hütter frühstückte mit reichlich Kohlenhydraten, gesunden Omega-3-Fettsäuren, Kalzium und diversen Vitaminen, vor allem A, B1, B6, C, D und E. Er blickte auf das Datum der Zeitung: 17. 10. 2003. Genau vor vierzehn Monaten war das mit Krainer passiert. Er hatte Antonia versprochen, nicht mehr daran zu denken. Hütter wischte sich über das müde Gesicht, räumte sein Geschirr in den Geschirrspüler, dann stieg er in seinen vor dem Haus geparkten, gebraucht erstandenen und kompromissvoll zwischen Sportlichkeit und monatlichem Versicherungsbetrag austarierten Wagen und fuhr in den gewohnten vierzehn Minuten zur Kaserne. Er hielt sich an jedes Tempo-limit, obwohl um diese Zeit kaum Verkehr auf den Straßen war. Dabei hatte er wieder Lust zu rasen, das Gaspedal bis zum Boden durchzudrücken und um die Kurve zu driften.

Das von einem breiten Streifen Wald eingefasste Kasernen-gelände befand sich auf einem Hügel, versteckt vor den um-liegenden Bauernhöfen und Einfamilienhäusern. Hütter stellte seinen Wagen am Fuße des Hügels ab, am Parkplatz für die Re-kruten, Chargen und einige der jüngeren Unteroffiziere wie ihn. Auf dem Weg die Kaserneneinfahrt hinauf rauchte er die für den Toilettenaustritt vor der Standeskontrolle zwingend not-wendige Morgenzigarette. Er verheimlichte sie vor Antonia, der Geruch verwehte sich im Laufe des Dienstes. Er verheimlichte ihr ebenso die Mittagszigarette, obwohl er wusste, dass sie da-von wusste.

Der rotweißrote Schlagbaum am Eingang zum Kasernen-gelände war bereits hochgezogen und wies hinauf in den Him-mel. Hütter nickte dem neben der Schranke stehenden, in einen grauen Militärmantel eingemummten, sich das Sturmgewehr gegen die Brust drückenden Wachsoldaten zu. Der Wachsoldat kannte ihn, er kannte den Wachsoldaten, kein Grund zur Aus-weiskontrolle, die morgens, wenn überhaupt, dann nur stich-probenartig ausgeführt wurde.

Hütter dämpfte seine Zigarette in einem zum Aschenbecher umfunktionierten und zu diesem Zweck umgedrehten und mit Sand befüllten Stahlhelm neben der Wachhütte aus. Dann schritt er weiter auf das Hauptgebäude der Kaserne zu, ein massiver ockerfarbener Block, angedockt an den Antreteplatz. Auf der grauen Asphaltfläche des Platzes standen ein paar braungrüne Puch-Geländewägen, drei Lieferwägen und ein ge-ländegängiger Pinzgauer, und in der Mitte wuchs der Flaggen-mast in die Höhe, an dem die österreichische Fahne schlaff herunterhing, es war windstill. Hütter lief, zwei Stufen gleichzeitig nehmend, den Treppenaufgang zum Hauptgebäude hoch.

Die Chargen vom Tag erhoben sich zur Begrüßung. Am Gang wimmelte es vor jungen Männern in Feldgrün, die ihm »Morgen!« zuriefen und salutierten, obwohl er noch keine Uniform trug. Einige waren am Weg zur Rasur, andere hatten schon rote, glatte Wangen, wieder andere, die es nicht gewohnt waren, sich täglich zu rasieren, kleine Schnitte über der Lippe oder an der über dem Kehlkopf gespannten Haut. Die schwarzen Feldstiefel der Rekruten hoben sich dunkel vom gräulich gescheuerten Linoleumboden des Ganges ab.

Siebenundzwanzig »Morgen!« später saß Hütter planmäßig auf der Toilette.

Danach betrat er die Mannschaftsunterkunft. Wie meistens am Morgen war Hütter hier alleine. Der Raum unterschied sich mit seinen desolaten Spinden, den Feldbetten aus braunen Stangen, dem Waschbecken im Eck und dem Tisch in der Mitte nicht von den Zimmern der Rekruten. Aber er teilte es sich bloß mit drei weiteren Unteroffizieren, während die Rekruten zu zehnt oder zu zwölft untergebracht waren.

Hütter nahm seine Stiefel aus dem Spind und bürstete Spurenelemente von Staub und einige winzige, eingetrocknete Dreckspritzer ab. Er schmierte das Leder mit Schuhcreme ein, bürstete abermals, polierte. Er putzte gerne Schuhe. Er mochte den Geruch und die Konsistenz der Schuhcreme, das Meditative des Bürstens und vor allem das glänzende Erfolgserlebnis, wenn aus einem matschverkrusteten Stiefel wieder ein schwarzer Feldschuh geworden war. Er arbeitete konzentriert und zufrieden dahin, bis er am vor ihm liegenden Dienstplan das heutige Datum sah und er wieder kurz an Krainer denken musste. Grob bürstete er seine Feldhose aus.

Mit der Zeit hatte Antonia gar nicht mehr bemerkt, ob er Uniform trug oder nicht. Der Reiz hatte sich scheinbar ausgewaschen wie das Feldgrün seiner Hosen und Hemden. Antonia schien mittlerweile so wenig wie möglich mit dem Heer zu tun haben zu wollen. Sie hatte sich auch geweigert, in eine der günstigen Wohnungen in der Heeressiedlung zu ziehen. Stattdessen hatten sie jetzt Unmengen an Schulden. Auf jeden Fall hatte er damit aufgehört, in Uniform nach Hause zu fahren.

Hütter ging im Kopf noch einmal die am Vortag mit dem Zugskommandanten durchbesprochenen Ausbildungsinhalte Kontrollposten, Sicherungsposten, Richtsplitterladung durch, verschloss den Spind, dachte an den Hochsitz und an Krainer, ärgerte sich, kontrollierte die Uhrzeit, nullsiebenhundertvierzehn. Dann machte er sich auf den Weg zum Antreteplatz, wo am Dienstplan für nullsiebenhundertzwanzig die Standeskontrolle vorgesehen war, fünf Minuten vor der Zeit ist des Soldaten Pünktlichkeit.

2

Zufrieden betrachtete Hütter die Rekruten der Ausbildungskompanie, feinsäuberlich in Linien zu vier Gliedern vergattert, ein geordnetes Rechteck aus Menschen.

Wachtmeister Weinmeier neben ihm hielt die Namensliste des ersten Zuges in der Hand, um die Anwesenheit der 62 Rekruten zu überprüfen. Er rief einen Namen, ihm wurde eine »Hier!« entgegengebrüllt, je lauter, desto besser. So ging es dahin bis zu Lampl, einem mehr zarten als dünnen Burschen mit zu hoher Stimme. Lampl war einer der Rekruten in Hütters Gruppe. Lampl war bei Hütter als Maturant, Befehle befolgend aber ungeschickt, abgespeichert.

»Lampl.«

»Hier.«

Lampls Stimme piepste unter seinem Helm und mitten aus dem Zug hervor. Weinmeier hielt Lampls Stimmlage wie immer für mangelnden soldatischen Einsatz und einen persönlichen Affront. Er wiederholte:

»Lampl!«

»Hier!«

»Lauter!!«

Die ersten Lacher.

»Hier!!«

Gelächter. Der Zugskommandant nickte Weinmeier anerkennend zu. Während Weinmeiers Spielchen harrte Hütter stoisch neben ihm aus. Er verstand Härte, wenn sich jemand wie ein Trottel verhielt, aber nicht, wenn einer eine hohe Stimme hatte.

Nachdem auch Rekrut Ungerhofer seine Anwesenheit mit einem »Hier!«, begleitet von einem Schwall Mundgeruch, bestätigt hatte, schritt Hütter die Linie seiner Rekruten, seiner Gruppe, ab. Er kontrollierte bei jedem einzelnen die Adjustierung, zuerst Vollständigkeit des Kampfanzuges 1, dann Hosenabschluss, dann Schuhputz. Für Hütter war das keineswegs eine Schikane. Die Stiefel würden in der nächsten Stunde mit diversen Formen und Ausprägungen von Matsch, Dreck und Wasser in Berührung kommen, und ein sauber geputzter Schuh war ein vor Feuchtigkeit und unnötiger Abnutzung geschützter Schuh, ein Panzer aus Schuhcreme um das Leder, die Verteidigungslinie gegen nasse Füße.

Zuletzt überprüfte er, ob jeder Rekrut sein Namensschild am Klettband angebracht hatte. Ohne dieses konnte er nicht arbeiten. Im Acht-Monats-Takt bildete Hütter eine neue Gruppe Rekruten aus, die alle eine ähnliche Kurzhaarfrisur trugen, das Gesicht meist unter einer Kappe oder hinter Tarnfarbe versteckt. Manche verbogenen Nasen und quadratischen Schädel, die besonders Langen und die besonders Dicken behielt man schnell im Gedächtnis, so wie überhaupt in der einheitlichen Kleidung charakteristische Merkmale stärker hervortraten.

Lampl mit seiner hohen Stimme hatte er sich sofort gemerkt, ebenso wie Ungerhofer mit seinem Mundgeruch und Sauper mit seiner allumfassenden Wucht. Nur manche merkte man sich eben nicht, also las Hütter bei seiner Kontrolle zu Beginn und zum Abschluss immer den jeweiligen Namen und schaute den Rekruten dazwischen ins Gesicht, natürlich um die Tarnung zu kontrollieren, aber auch, um sich immer wieder das zum Namensschild gehörende Aussehen einzuprägen.

Er hatte ein Gespür für die Rekruten, jeden musste man ein bisschen anders anpacken. Aber hineinschauen konnte er nicht in sie, und das wollte er auch nicht, und darum ging es auch nicht. Sie hatten ihre Rolle zu spielen, so wie er seine. Sie hatten nicht zu wissen, dass ihn Krainer und die Schulden beschäftigten, und ihn hatten ihre Befindlichkeiten auch nicht zu beschäftigen. Es gab ein Protokoll, und Hütter schätzte das Protokoll sehr, weil es ihm Sicherheit gab.

Und weil er ein Gespür für seine Rekruten hatte, weil er sich für sie verantwortlich fühlte, weil er ihnen beibringen wollte, dass Disziplin und Ordnung das Leben erleichterten, nagte es an ihm, dass er nie genau wissen würde, wie und warum das letztes Jahr mit Krainer passiert war. Er sah den Hochsitz vor sich, das Einschussloch in der Decke, den Blick aus dem Hochsitz hinaus, entweder nach Ungarn oder zum Neusiedler See. Er wollte nicht an die flachen Felder und die Wiesen denken, an das Schilf und an das an der Oberfläche glitzernde, sonst trübe Wasser, an die flirrende Hitze, an die Gelsenschwärme in der Dämmerung, aber immer wieder hörte er den Knall des Schusses, der aus dem Hochsitz über die Baumkronen herausgehallt war, Störche und andere Vögel aufgescheucht hatte, nur das Schilf hatte sich weiter unbeeindruckt im Wind bewegt.

Als Hütter damals mit dem Geländewagen am Hochsitz angekommen war, wartete an der Leiter ein Wildschwein auf ihn. Die sind mit ihrer Masse nicht zu unterschätzen, aber er musste so schnell wie möglich die Leiter hinauf, dabei ahnte er schon, was er vorfinden würde. Er hob mehrere Holzstöckchen vom Boden auf und warf sie nach dem Schwein, er schrie und hoffte, das Wildschwein werde ihn nicht attackieren. Das Tier schaute ihn bloß noch ein paar Momente lang an, als wollte es ihn fragen, warum er es so eilig habe, er wisse doch längst, dass es zu spät sei, dann trottete es davon.

Eine Patronenhülse auf den Bodenbrettern des Hochsitzes, wo man sich schnell einen Splitter durch die Hose einzog. Das Sturmgewehr, parallel zum leblosen Körper. Blutspritzer, Knochensplitter, Hirn, auf der Uniform, an der Wand, an der Decke. Das Gesicht weg, aber Krainer durch die Erkennungsmarke eindeutig identifizierbar. Und das grunzende Wildschwein drehte unten seine Runden, während es aus dem Funkgerät rauschte, das Nachtsichtgerät ins Eck glotzte und daneben der nutzlose Helm lag.

Später sah Hütter, wie der Sack mit dem Toten aus dem Hochsitz heruntergelassen wurde, ein stilles Zusammenspiel mehrerer Hände. Krainer war in Hütters Gruppe gewesen.

Nach Krainers Begräbnis wurde unter den Trauernden darüber diskutiert, wer schuld an seinem Tod sei, und ob man einem Achtzehnjährigen eine geladene Waffe in die Hand drücken und ihn damit an die Grenze setzen dürfe. Diese Diskussion verstand Hütter nicht. Mit achtzehn durfte man wählen, sich betrinken und Auto fahren, also konnte man einem Menschen in diesem Alter auch zutrauen, mit einer Waffe verantwortungsbewusst umzugehen.

Und nicht nur beim Begräbnis, auch im Lokalteil einiger Zeitungen und in der Kaserne wurde darüber gemutmaßt, warum sich der junge Mann erschossen hatte. Es gab Gerüchte über aufgetauchte und wieder verschwundene Abschiedsbriefe und diverse Erklärungen für seine Tat. Krainer sei unglücklich verliebt gewesen, er habe Depressionen gehabt, er sei misshandelt worden, er habe sich jedes Wort zu sehr zu Herzen genommen, er sei ein verkappter Schwuler gewesen, er habe in seiner Freizeit oft Killerspiele gespielt und Gothic-Musik gehört, er habe keine Freunde gehabt, er habe den Bundesheerdienst gehasst, er habe sich mit jedem seiner Ausbildner und Kameraden angelegt, er habe nicht mit der Einsamkeit und der Langeweile an der Grenze umgehen können, oder vielleicht war es auch bloß ein Unfall gewesen. Klar war nur, dass eine Kugel aus seiner eigenen Waffe seinen Schädel durchschlagen hatte.

Hütters Gruppe war einwandfrei adjustiert. Hütter nickte am Ende der Linie kurz anerkennend, mehr für sich, und er dachte, was er nach zwei Monaten Ausbildung meistens dachte: Aus denen könnte doch noch was werden.

In drei Wochen begann für Wachtmeister Hütter und seine Gruppe der Assistenzeinsatz. Sie werden sechs Wochen in einem burgenländischen Dorf nahe der Grenze zwischen Österreich und Ungarn stationiert sein, um die Polizei bei der Grenzraumüberwachung zu unterstützen. Zur Übung und Simulation des Einsatzes stand beinahe jeden Tag Kontrollposten und Sicherungsposten, KOPO und SIPO, am Dienstplan.

Auf einem wurzelüberwachsenen Waldweg nahe dem Truppenübungsplatz nahmen die Rekruten blaue K-Munition aus einer Kiste und drückten die Patronen in ihre Magazine. Die Knallmunition war für Übungszwecke gedacht, sie machte bloß Krach, kein Projektil wurde abgefeuert. Es konnten aber erhitzte Plastiksplitter der Munition aus dem Lauf des Sturmgewehres schießen und so aus kurzer Entfernung tiefe Fleischwunden verursachen. Deshalb überprüfte Hütter zur Sicherheit ein weiteres Mal, ob jeder Rekrut auch das gegen solche Vorfälle schützende, den Lauf verschließende Knallpatronengerät in die Mündung des Gewehres geschraubt hatte.

Hütter teilte Primig als ersten Kontrollposten ein. Primig war der Stahlhelm viel zu groß. Er erinnerte Hütter damit an die Zeichentrickfigur Calimero, ein Küken, welches unter einer

Eierschale hervorlugte. Der bullige Sauper war der Sicherungsposten und lag am Bauch in Kampfdeckung, wo man stets zwischen den beiden Grundsätzen »Viel sehen und nicht gesehen werden« und »Wirkung geht vor Deckung« abwägen musste.

Hütter gab Lampl, dem ersten Feinddarsteller, ein falsches Losungswort mit auf den Weg und versteckte eine Pistolenattrappe in einer von Lampls Jackenseitentaschen. Lampl spazierte demonstrativ pfeifend auf KOPO Primig zu.

»Halt, wer da?«

»Rekrut Lampl.«

»Passierschein und Ausweis.«

Primig kontrolliert, Sauper sichert. Primig fragt Lampl nach dem Losungswort.

»Winterabend«, sagt Lampl.

Primig überlegt und erinnert sich dann, dass die korrekte Antwort »Schneehase« lautet, er grinst, er schreit Lampl »Hände hoch« ins Gesicht und beginnt ihn zu durchsuchen. Während Primig Lampl von oben bis unten abklopft, bewegt er sich immer mehr in die Schusslinie von Sicherungsposten Sauper. Sicherungsposten Sauper plärrt Kontrollposten Primig deswegen an, und da Primig immer sehr darauf achtet, was Sauper ihm zu sagen hat, hört er mit dem Durchsuchungsvorgang auf und dreht sich zu Sauper um. Aber jetzt plärrt ihn Sauper weiter und noch lauter an, denn während Primigs ratloser Pirouette hat Lampl schon die Pistolenattrappe gezogen, Sauper feuert ein halbes Magazin K-Munition auf Lampl ab und Lampl fällt fiktiv getroffen zu Boden.

Hütter schüttelt den Kopf und die Rekruten lachen, nur Ungerhofer lacht nicht, sondern murmelt vor sich hin, weil er wie immer Angst hat, für die Fehler und die Dummheit der anderen bestraft zu werden.

RAPHAELA EDELBAUER

Entdecker. Eine Poetik

mit Zeichnungen von Simon Goritschnig

GEBRAUCHSANWEISUNG | Entdecker 0

Lesen Sie die folgenden Instruktionen
mehrmals gründlich durch

I

Im Grunde bleiben uns nicht mehr viele Möglichkeiten.
Wir leben in einer Welt, die alles entmystifiziert, durchdringt,
„dekonstruiert", verpostmodernt – die uns erzählt, dass in nichts
zu tauchen und nichts auf dem Grunde aufzufinden ist. Sie will
alle Widersprüche und Absurditäten auflösen, die Einzelteile
aufreihen und sie in einen Ausstellungskatalog sowie auf Stoff-
beutel drucken. Dies müssen wir aufs Entschiedenste verwerfen!

II

Zweitens aber kann dieselbe Welt uns nichts beweisen, und sie
konfrontiert uns mit den scheußlichsten Inkonsistenzen ihrer
halb herausgerotzten Theorien. Sie will die lustvoll kopulieren-
den Naturgesetze ignorieren und eine Esoterik auf sie stempeln,
bis wir die drängenden Fragen von Literatur oder Mathematik
nur mehr mit Tarotkarten klären wollen. Auf dies ist natürlich
kräftig zu spucken!

III

Die auf Lauwärme abgekühlte Gesellschaft ist uns die Antwort
darauf schuldig geblieben, was Semantik, also letztlich Sprache
überhaupt ist; und in diesem Zustand eines dauernden viskösen
Unbehagens haben wir uns eingerichtet, sind heimisch darin geworden. Angesichts dieses Wartens dürfen wir getrost erbrechen.

129

IV

Viele Menschen denken, wir hätten die Sprache erfunden. In dieser irren Annahme liegt die Ursache unserer ganzen Misere. Verwundert rollen wir mit den Augen, wenn jemand gerade die Worte ausspricht, die wir in jenem Moment gedacht haben, oder wenn ein Déjà-vu in unseren Hirnstrukturen die Landschaft aufwühlt, die sich gerade vor uns entfaltet. Zu meinen, dies wäre bloßer Zufall, ist kindisch und grenzt an das magische Denken des Säuglings.

V

Viel zu lange hat die Literatur sich in falscher Bescheidenheit an ein Erzählen geklammert, als wäre sie nichts anderes als ein seniler Märchenonkel, der nur schüchtern die sogenannten echten Ereignisse mit eigenen Inventionen ergänzt. Beschnitten und verstümmelt wurde ihr die entscheidendste Fähigkeit abgesprochen – und zwar jene, in die Welt selbst einzugreifen.

VI

Somit müssen wir die üblichen Vehikel instantan und mit Begeisterung niedermähen. Dort wo die Sprache keinen Unterschied macht, macht die Natur erst recht keinen. Das liegt aber keinesfalls in einem bloßen Abbildungsverhältnis, welches anzunehmen eine Peinlichkeit sondergleichen wäre.

VII

    Ziel dieses Buches ist es, dass Sie seine Inhalte nicht bloß bei einem herrlichen Glas Barolo auf der Chaiselongue erfassen, sondern ebenso beim Blick durch ein Fernrohr oder ein Mikroskop. Sogar der Wuchs der Brennessel oder das schlichte Verdauen eines Stückes Brot soll Ihnen zum poetischen Akt werden.

VIII

Die einzige Möglichkeit, dies zu erreichen, ist, dass Sie alle sechs Kapitel wieder und wieder lesen, und zwar in verschiedenen Phasen Ihres Lebens, zu unterschiedlichen Jahreszeiten sowie in unterschiedlichen Klimazonen. Meine Intention dabei lautet, Ihre Sprachzentren zu bombardieren wie die Mauern von Jericho; ergo unter Trompetenstößen den Hypothalamus hinwegfegend derartige Silben-Salven von mir zu geben, dass das Broca Areal von innen an Ihrer Schädeldecke kleben bleibt.

IX

Suchen Sie in den Texten nicht nach der Welt, sondern in der Welt nach diesen Texten. In den unbewusstesten Momenten werden Sie unter ihrer Zunge fündig.

X

Das Ergebnis also ist, dass die Sprache der zentrale Baustein der Welt ist. Ihre Tiefensemantik wird im Flug der Vögel ebenso artikuliert wie durch eine Handgeste oder in einem Essayband von Karl Kraus. Die Worte hingegen sind – wie Husten – bloß Symptome eines tiefer liegenden Infektes. Dies ist unanfechtbar.

XI

Das alles gipfelt darin, dass das ganze Universum als solches, also der Hintern, auf dem Sie persönlich jetzt gerade auf dem Stuhl sitzen, der ihnen gehörend auf dem Parkettboden steht, welcher in einem Haus auf einem Fundament ruht, das auf einem steinernen Ball um ein Heliumgestirn kreist, welches durch eine noch unerklärliche Kraft um den Massemittelpunkt einer Galaxie rotierend durch in Äonen kaum zu durchmessende dunkle Materie getrennt sich in Unendlichkeiten erstreckt – dieses Universum also besteht aus Sprache. Und wenn Sie die

Freundlichkeit hätten, mit mir gemeinsam die Naturgesetze durchzudeklinieren, wird Ihnen dies bald als das Selbstverständlichste überhaupt einleuchten.

EIN BESTIARIUM | Entdecker 1

Vorwort

Die Mineralien sind die Welt.

Die Sprache umfasst die Organismen. Alles Nichtsprachliche ist also anorganischer, fester und natürlicher Stoff, der nicht lebt. Man spricht in das saure Milieu der Gesellschaft hinein, und kaum haben die kriechenden, entschälten Texte sich aus dem Mund gelöst, verenden sie. Sobald etwas auf dem Papier steht, ist es mineralisch. Zettel sind kleine Leichentücher, auf denen die Sedimente der ehemals vividen, oft jahrmillionenalten Texte stehen, die wir als Versteinerungen auffinden. Ihren Ursprung mussten wir in schriftstellerischer Schwerstarbeit rekonstruieren. Alle anderen Texte, die Sie je gelesen haben, sind von diesen abgeleitet. Die Reinformen zu betrachten, gelingt selten – die Eindrücke sind flüchtig und können in ihrer puren Form zu schweren Schädigungen führen, aber ich gehe davon aus, dass Sie wissen, worauf Sie sich einlassen. Schützen Sie sich.

A

Jener Text namens Figur A ist ein poröser Schwamm mit torusförmiger Grundstruktur, an der entlang sich die Bedeutungsträger namens Silbe, Wort, Satz oder auch Absatz und Passage im Kreis bewegen können. Zu seinen konstitutiven Merkmalen gehören die Möglichkeit, ansaugen zu können, sowie eine dickwandige, fleischige Konsistenz, die einen Hohlraum umschließt.

Aus dieser eigentlich negativen Dimensionalität schöpft er. Die Fortbewegung bewerkstelligt er mittels eines Rückstoßes, der durch das Ausspeien kleinerer Textpartikel vonstatten geht. Diese Fetzen, ehemals Teile seiner Struktur, versteinern rasch und werden zu Fossilien, die wir in den Frühjahrsprogrammen der Verlage vorfinden. Der Sog, der aber auf der anderen Seite durch dieses Abstoßen entsteht, zieht wiederum andere Partikel an, die den Schwamm neu konstituieren.

Alles, was zu dem Text gehört, bleibt uns unzugänglich, denn er assimiliert seine Grammatik in vollkommener Dunkelheit. Dem Menschen bleiben nur die abgestoßenen Worttransplantate, die er von sich schleudert. Deswegen können wir paradoxerweise sagen, dass nichts, was sich in ihm befindet, also nichts, was er umschließt, ihm eigentlich angehören kann.
Jungtexte legt er direkt ins Ohr des Rezipienten – sobald man einige Zeilen gehört hat, ist man ein potenzieller Wirt. Die Larven des Textes besitzen eine Urmundöffnung, deren Stimme für das menschliche Ohr klingt wie ein Kratzen an Metall. Statis-

tischen Berechnungen zufolge besteht eine Wahrscheinlichkeit von 87 %, dass gerade dieser Text in Ihrem Inneren seine Larven ablegt hat.

B

Der Text mit der Bezeichnung Figur B ist ein Sprachgebilde, das sich nur unter äußerst hohem Druck formen kann. Inmitten lebensfeindlichen Gewichts beginnen sich zunächst die Silben bei 1500 bar ineinanderzustauchen, sich verbuchstabend, unkenntlich werdend. Steigt der Druck durch größere Auflage, verbiegt sich auch die Syntax, dann aber, am Gipfel der Quetschung schließlich, findet eine Kompression der Semantik selbst statt, die sich teleskopartig ineinander schiebt.

Die derartig geballte Struktur nimmt deswegen Bedeutungen an, die in dem Sinne nichts mehr „heißen", bis man sie aus der Tiefe birgt und sie schlagartig expandieren – was aber kaum gelingen mag. Neuere Theorien gehen davon aus, dass schon eine einzige Parzelle, an der Erdoberfläche angekommen, unsere Münder und den daraus entströmenden Weltengeist zum Platzen bringen würde, wie eine unter Strom gesetzte Knackwurst.

Chronologie ist in diesem Text nicht mehr möglich, weil unter Tage und bei Hochdruck jedes Zeitverhältnis gebrochen wird. Unter Tage ist hier freilich metaphorisch zu verstehen – es geht um das nebulöse Nebeneinander unserer Geisteszustände, durch die der Text dergestalt komprimiert wird. Je tiefer wir in die Natur unserer Sprache dringen, desto mehr kommen wir in einen Bereich absoluter Gleichzeitigkeit. Da in dieser extremen Dichte keine Bewegung mehr stattfinden kann, ist der Text als Nahrung auf andere Sprachpartikel angewiesen, die aus höheren Schichten herabrieseln. Indem kein Lichtimpuls ihn mehr erreichen oder gar verlassen kann, gibt es keine visuelle, sondern nur mehr eine auditive Repräsentation dieses Textes. Durch die endlosen Ineinanderstaffelungen der Laute ist jedoch alles, was unser Ohr erreichen kann, ein tieffrequentes Summen; ein Tinnitus aus einer Drift der Schädelplatten, die sich krachend wie zwei Eisberge vereinigen, wenn jemand unsere Denkmuster aufsprengt.

C

Der Text, der die Laufbezeichnung Figur C trägt, soll jener Text sein, der sich tagsüber in einem Zustand des Transluziden befindet, und sich erst abends wie eine Decke aus Dampf über die Becken- oder Gesäßregion seines Wirtes breitet. Er haftet sich ausschließlich an weiche Oberflächen, wie die Muskelfaszien von Säugetieren, und ist ein Symbiont des Bewusstseins, der zum ersten Mal 1889 im Körper eines 17-jährigen Franzosen gefunden wurde. Die bekannteste Bezeichnung jenes Phänomenes, das einen überfällt, sobald man ihn zu sprechen beginnt, lautet: Incubus bzw. Succubus.

Die ihm adäquate Lebensweise ist der Überfall, das heißt, das plötzliche Einbrechen eines Wortes, einer Phrase, eines Satzes in unseren Organismus, das so überraschend geschieht, dass es uns oft schaudert, ohne dass wir eigentlich wüssten, weswegen. Dieser Polypentext ist uns im Gegensatz zu den anderen nicht deswegen unzugänglich, weil er sich in unwirtlichen Gefilden verbirgt, sondern weil er transparent ist in jeder Hinsicht. Ist erst einmal ein Loch in die Haut des Wirtes geschlagen, rollt er sich zusammen und rast in unkontrollierten Kontraktionen durch die Eintrittsstelle. In der Reibung der Assoziationsfelder, die der Text streift und so erotisiert, gewinnt er wiederum an Spannung, die unsere Haut anfälliger macht für einen neuerlichen Durchbruch. Die Gestalt des Textes ist seiden.

Er löst beim Aussprechen eine Art tantalisierende Empfindung auf den Lippen aus, die sich unwillkürlich schließen wie beim Analreflex, und saugt sich danach mit der Unterseite seines Schirmes am Gehirn fest. Die Wünsche des menschlichen Symbionten entgleisen; es wird als Leitsymptom das beobachtet, was man im allgemeinen Sprachgebrauch als Perversion bezeichnet, und von dem, der Natur dieser Tentakel entsprechend, keinerlei Heilung zu erwarten ist.

D

Der Text, welcher den Namen Figur D zu tragen bestimmt ist, wird aus einer Vielzahl unabhängig voneinander existierender Bausteine bestehen, die sich in einen Zweckverband begeben. Von diesem ausgehend, ist er an Verpuppung interessiert. Durch die Vokalmembran binden sich freie Konsonanten, und der Text zieht Phrasen in sich, die er in einem gleichmäßigen Stakkato wieder von sich schleudert. Je nachdem, woran der Leser interessiert ist, d. h. je nach Neigungsgefälle, pulsieren andere Silben aus dem Text hervor; der Rhythmus wird zur zweiten Natur.

.

Die Fortbewegung findet in einem Heben und Senken statt, das die Kreatur Text über verschiedene Oberflächen gleiten lässt. Nach diesen richtet es sich – man will nicht sagen haptisch – jedoch in einem Reiz-Reaktions-Schema, das ein sonographisches Schlagmuster erzeugt.

Sieht man sich die entstehenden Schallwellen unter einem Vibrationsdetektor an, wird die Kreatur sichtbar: Die ganze Struktur besteht aus ihrem Rhythmus, den sie monoton und ohne die Notwendigkeit eines Inhalts ins Nichts morst. Der Text kontrahiert wie die Venen, die wir in unseren Armbeugen, Kniekehlen oder Leisten beobachten können, und in denen es sich verlangsamt und beschleunigt, je nachdem, ob die Welt sich und uns erhitzt oder beschwichtigt. Versuchsanordnung: Laufen Sie eine Runde um den Block, setzen Sie sich und ignorieren Sie Ihren schweren Atem, legen Sie einen Finger unter Ihre Zunge und Sie spüren, wie darunter stumm der Text tobt, der seit Ihrer Geburt aus Ihrem Mund zu entkommen versucht.

E

Die Textbestie mit der nunmehr vollkommen selbstverständlich vergebenen Bezeichnung Figur E ist aus dem Verschmelzen mehrerer, ursprünglich voneinander unabhängiger Segmente entstanden. Sie ist ein unscheinbarer, ganglienförmiger Glaskörper, der sich nur mühsam und langsam fortbewegt und ein eher unauffälliges Dasein fristet. Ihre Verbreitung erreicht sie durch eine schier unfassbare Langatmigkeit; denn nicht nur dauert sie ewig. Was diesen Text so einzigartig macht, ist der Umstand, dass er sich bei Gefahr in einen Starrzustand begibt, der allen Umweltbedingungen trotzt.

Hat er diese vollkommen bewegungslose Schutzhaltung erreicht, kann ihn keiner mehr verstehen oder sprechen, er ist dann nicht mehr lebendig in dem Sinne. Dafür besitzt er nun eine Lebensdauer, die alle menschliche Vorstellung überschreitet.

Dieser selbstordnende Organismus vermag in diesem, dem verpanzerten Zustand, schlichtweg überall zu überleben: in flüssigem Magma, im Vakuum oder unter zweitausendfacher Einwirkung der Erdgravitation, unter meterdickem Packeis in der Polarlandschaft, in Publikumsverlagen, in Kernreaktoren, im letzten Speicher der diversen Nationalbibliotheken, im Orbit, wo er ebenso wie im freien Verkauf ungehindert zirkuliert.

Ohne jeden äußeren Anlass findet er schließlich eines Tages in den beweglichen Zustand zurück. Nachdem er für gut zweitausend Jahre nicht verstanden wurde, taut er aus seinem katatonen Zustand jäh auf und ist für die Allgemeinheit wieder leicht zu begreifen, eingängig, allpräsent. Ein Beispiel für ein Exemplar dieses Textes ist der Stein von Rosette; ein noch fossiles die Kretische Schrift Linear A – jedoch befinden sich tausende Individuen an allen Orten des Kosmos, unerkannt und auf ihren Moment lauernd. Der Text ist unsterblich.

AutorInnen – Kurzbiografie

Theodora Bauer
Geboren 1990 in Wien, lebt im Burgenland, studiert Publizistik
und Philosophie in Wien. Sie publizierte in Anthologien sowie im Radio.
2014 erschien ihr erster Roman *Das Fell der Tante Meri*. Weitere Informationen unter: www.theodorabauer.at

Mascha Dabić
Geboren 1981 in Sarajevo, übersetzt Literatur aus dem Balkanraum,
u. a. *Ausgehen* von Barbi Marković für Suhrkamp. Studium der Translationswissenschaft (Englisch und Russisch). Lebt in Wien und setzte
sich journalistisch mit dem Phänomen Migration auseinander
(daStandard.at), arbeitet als Dolmetscherin im Asyl- und Konferenzbereich und lehrt an den Universitäten Innsbruck und Wien. Mit ihrem
Debütroman *Reibungsverluste* wurde sie von Daniela Strigl für den
Franz-Tumler-Literaturpreis nominiert und landete auf der Shortlist
Debüt des Österreichischen Buchpreises 2017.

Irene Diwiak
Geboren 1991 in Graz, wuchs in Deutschlandsberg/Steiermark auf;
derzeit studiert sie Komparatistik in Wien. Bisher erschienen ihre Texte
in Zeitschriften und Anthologien und wurden bereits vielfach ausgezeichnet. *Liebwies* ist ihr erster Roman, der 2017 auf der Shortlist des
Österreichischen Buchpreises Debüt stand.

Nava Ebrahimi
Geboren 1978 in Teheran, studierte Journalismus und Volkswirtschaftslehre in Köln. Sie arbeitete als Redakteurin bei der *Financial
Times Deutschland* und der *Kölner StadtRevue*. Nava Ebrahimi veröffentlichte bereits verschiedene Kurzgeschichten in Anthologien, Zeitungen
und Zeitschriften. Nava Ebrahimi lebt mit ihrer Familie in Graz. Mit
Sechzehn Wörter gewann sie 2017 den Österreichischen Buchpreis
Debüt.

Raphaela Edelbauer

Geboren 1990 in Wien, studierte Sprachkunst an der Universität für Angewandte Kunst unter Robert Schindel, seit 2012 Philosophie an der Universität Wien. Interesse am Vergleich natürlicher und künstlicher Sprache und Kritik des Reduktionismus. *Entdecker* ist ihre erste Buchpublikation.

Laura Freudenthaler

Geboren 1984 in Salzburg. Studium der Germanistik, Philosophie und Gender Studies, lebt in Wien. Die Erzählungen *Der Schädel von Madeleine. Paargeschichten* erschienen 2014. *Die Königin schweigt* ist ihr erster Roman.

Elias Hirschl

Geboren 1994 in Wien, Poetry-Slammer, Schriftsteller und Musiker. Österreichischer Meister im Poetry Slam 2014. Slamtexte und Kurzgeschichten erschienen in verschiedenen Zeitschriften und Anthologien. 2015 debütierte er mit dem Roman *Der einzige Dorfbewohner mit Telefonanschluss*, ihm folgte 2016 sein zweiter Roman *Meine Freunde haben Adolf Hitler getötet und alles, was sie mir mitgebracht haben, ist dieses lausige T-Shirt*. Elias Hirschl lebt in Wien.

Mario Hladicz

Geboren 1984 in Graz, Studium der Germanistik. Veröffentlichungen von Prosa und Lyrik in diversen Literaturzeitschriften (u. a. LICHTUNGEN, Podium) und Anthologien. Literaturförderungspreis der Stadt Graz 2014. *Gedichte zwischen Uhr und Bett* ist sein erster Gedichtband.

Marie Luise Lehner

Geboren 1995, lebt in Wien und Linz. Studium am Institut für Sprachkunst der Universität für angewandte Kunst und Drehbuch an der Filmakademie Wien. Schreibt Theaterstücke und Prosa. Ihre Erzählungen wurden mit Literaturpreisen ausgezeichnet (Kolik-Preis, Jugendliteraturwettbewerb „Sprichcode") sowie in Anthologien und Literaturzeitschriften (Kolik, Facetten) veröffentlicht. *Fliegenpilze aus Kork* ist ihr erster Roman und gewann den Alpha Literaturpreis 2017.

Christoph Linher

Geboren 1983 in Bludenz/Vorarlberg, studierte Germanistik bis 2009 in Innsbruck. Seit 2013 selbständig als Texter, Korrektor, Musiker. Literarische Veröffentlichungen in diversen Anthologien und Literaturzeitschriften, u. a. *Lyrik der Gegenwart, Lichtungen, Miromente*. Literaturpreis des Landes Vorarlberg 2015.

Jakob Pretterhofer

Geboren 1985 in Graz. Seit 2005 lebt er in Wien, Studium an der Filmakademie. Arbeitet an Drehbüchern und für Filme. Carl-Mayer-Drehbuchpreis 2011. Thomas-Pluch-Drehbuchpreis für kurze und mittellange Filme 2014. *Tagwache* ist sein erster Roman.

Sophie Reyer

Geboren 1984 in Wien, lebt in Wien, Autorin und Komponistin, Doktorin der Philosophie. Lehrt am Institut für Theater-, Film- und Medienwissenschaft in Wien sowie an der Pädagogischen Hochschule Hollabrunn. Seit 2017 Lehrgangsleitung der Wiener Schreibpädagogik. Schreibt Prosa, Lyrik und Theatertexte für Erwachsene und Kinder.

Cordula Simon

Geboren 1986 in Graz, Studium der deutschen und russischen Philologie sowie Genderstudies in Graz und Odessa. Lange Zeit Mitarbeiterin der Jugend-Literatur-Werkstatt Graz. Mitglied der Grazer Literaturgruppe Plattform. 2016 erschien ihr erster Roman *Wie man schlafen soll*. Mittlerweile frei schreibend wohnhaft in Graz und Odessa.

Quellenverzeichnis

Theodora Bauer: *Chikago* © 2017 Picus Verlag Ges.m.b.H., Wien

Mascha Dabić: *Reibungsverluste* © Edition Atelier, Wien 2017

Irene Diwiak: *Liebwies* © Deuticke im Paul Zsolnay Verlag Wien 2017

Nava Ebrahimi, *Sechzehn Wörter* © 2017 btb Verlag, München,
in der Verlagsgruppe Random House GmbH

Raphaela Edelbauer: *Entdecker. Eine Poetik* © Klever Verlag, Wien 2017;
Grafiken: Simon Goritschnig, www.simongoritschnig.com

Laura Freudenthaler: *Die Königin schweigt.* Roman © Literaturverlag
Droschl, Graz - Wien 2017

Elias Hirschl: *Hundert schwarze Nähmaschinen* © Jung und Jung Verlag,
Salzburg und Wien 2017

Mario Hladicz: *Gedichte zwischen Uhr und Bett.* keiper lyrik 15
© edition keiper, Graz 2017

Marie Luise Lehner: *Fliegenpilze aus Kork* © Verlag Kremayr & Scheriau,
Wien 2017

Christoph Linher: *Ungemach* © Müry Salzmann Verlag,
Salzburg 2017

Jakob Pretterhofer: *Tagwache* © Luftschacht Verlag, Wien 2017

Sophie Reyer: *Schildkrötentage* © Czernin Verlag, Wien 2017

Cordula Simon: *Der Neubauer* © Residenz Verlag GmbH,
Salzburg – Wien 2018

Impressum

Herausgegeben von Heinz Sichrovsky

Cover, Gestaltung & Satz: Wolfgang Haspinger, aromatom

Foto Heinz Sichrovsky © News / Ian Ehm

Druckerei: Christian Theiss GmbH, St. Stefan im Lavanttal

© Hauptverband des Österreichischen Buchhandels 2018

Redaktion: Verena Müller

Lektorat und Organisation: Valentina Steigerwald

ISBN 978-3-85103-192-8

Die Rechtschreibung bezieht sich auf die Schreibweise in den Originaltexten und wurde nicht vereinheitlicht.